KB111062

스판다와 재인식(再認識)의

소와 참나 이야기

<표지 그림 설명>

여신(女神) 데비

쉬바[**의식**]와 더불어
스판다 즉 <미묘한 춤>을 추는
그녀는 얼굴에
<어떤 홍조(紅潮)>를 띠고 있다.

가슴에 고이 간직한
부용(芙蓉)[곧 **사랑**]이라는
한 송이 꽃을 들고……

<노년(老年)의 우리는 모두 신비가가 된다>면서
괴테는 『파우스트』에서 이렇게 말한다.
"<**영원한 여성상(女性像)**>이
– 즉 여신(女神) 혹은 아니마가 –
우리를 이끌어 올리도다."

그리고 쉬바는 진정 누구인가?

스판다와 재인식(再認識)의

소와 참나 이야기

- 素所, 蘇消, 小笑 그리고 이 무엇 -

金恩在 지음

지혜의나무

목차

들어가며

얼마 전 우리를 <들끓게> 했던, 한미 FTA인가 뭔가 하는 것…… 그것이 되면 한우(韓牛) 농가는 어떻게 되고, 또 <그 쇠고기>는 어떤 것이고……

당시 <촛불 시위(?)>라고 하는 것을 TV 뉴스로 보았다. "우리 한우가 아닌 미국산 수입 쇠고기는 광우병에 걸린 것"이라고 주장했던 것으로, [세상 돌아가는 것에 둔감한] **필자의 이 우둔한 머리에는** [그런 기억으로] **남아 있다.**

[<세상의 소리를 본다(?)>는 저 <관세음(觀世音) 수준의 사람>이나 <듣는 귀가 된다>는 <이순(耳順) 수준의 사람들>이야 괜찮겠지만, 나 같은 사람은 그런 <보는 눈도 없고, 듣는 귀도 없어서>, 꽤나 <답답한 사람>이다. 솔직한 고백이다.]

그때 필자는 <광우병(狂牛病)>이라는 **말**을 처음 들었다. [물론, 광견병(狂犬病)이라는 말을 어릴 적 (아마도) 초등학교에서 <그냥> 배웠기에 그 **단어**도 당연히 유추(類推)해서 들었다.]

광우는 <미친 소[mad cow]>를 말하는데……

"소가 미쳤다."

소가 <병(病)이 들었다>는 것은 - 그것이 소의 뇌(腦)이든, 사지(四肢)이든, 다른 조직(組織)이든 - 어떤 원인으로 그 기능이 정상적(正常的)이지 않은 것을 말한다.

예를 들어, 소의 평형감각을 담당하는 뇌의 신경 중추가 병들면, 비틀거릴 것이고, 바로 서 있지도 못할 것이다. 그리고 그것은 우리 인간도 똑같다. **그러나 <그런 사람>을 미쳤다고 하지는 않는다.**

<소가 미쳤다>는 것이 어떤 것인지 잘 모르겠다. 미칠 광(狂)이라는 한자(漢字)의 뜻이 <사리(事理)를 분별하지 못하고>, <상규(常規)를 벗어난 것>을 말한다고, <국어사전(國語辭典)>은……

어떤 소가 <일의 이치(理致)>를 분별하지 못하고, <일반적인 규정(規定)>을 무시했다?

[이 시대는 <소로 살아가려고 해도> 많이 배워야 한다! <일의 이치>를 분별해야 한다!]

소와 **동물**은, 잘 아는 대로, **본능대로 살아간다.** 필자는 <그렇게> 알고 있다. 그런데……

필자가 보기에, **<미친 소>는 없다.** <잘못된 말>이다. 그런 말은 합리적(合理的)이지 않다.

『세상에 나쁜 벌레는 없다.』라는 책 제목이 생각난다. 그렇다. <좋고, 나쁘다>는 것은 우리 인간의 기준(基準)일 뿐이고, <미친 소>라는 말 또한 우리 마음의 투사(投射)일 뿐이다.

"광기(狂氣)[madness, 광분(狂奔), 광란(狂亂)]", "미치다[insane, crazy, 성내다, 발광(發狂)하다]."라는 말이 - 형용사이든 명사이든 - 적용되는 곳은 우리 <인간>과 우리 인간의 <마음> 밖에는 없다.

<미쳤다>는 말은 소나 동물이 아닌, **우리 인간의 <정신 상태>에 관한 것**이다.

<병든 소>라도 팔아서 이득을 취하려는 - 아니면 그런 사태를 이용하여 자신들의 입지와 영향력을 강화하려는 - **<미친 [우리의 어리석고, 탐욕스럽고, 교활(狡猾)한] 마음>** 말이다.

그런 우리들을 한마디로, "Homo Insanus"라고 정의(定義)하고 싶다.

그리고 간절히 바라고 기대한다. 우리 모두가 "Homo Sanus"로, <온전(穩全)한 인간>으로 진화(進化)하기를……

그 가슴 답답했던 <광우병> 소동(騷動)……

<말도 안 되는 말>을 가지고, 우리의 <마음>은 미쳐 날뛰고 있었는지도 모른다.
그러면 <말도 안 되는 말[어불성설(語不成說)]>과 <말이 되는 말[어성설(語成說)]>은 무엇인가?

<말>은 무엇이고, <마음>은 무엇인가?

"누구나 다 아는 <광우병>을 두고, <미친 소>가 없다고 하다니, 이 녀석, 미쳤다. 완전히 미쳤다."라는 소리가 어딘가에서 들리는 것도 같다.
그렇다. 나는 미쳤다. <완전히>는 아니어도 어느 정도는 미쳐 있다.

그러나 [어릴 적 들은] 이런 웃기는(?) 이야기도 생각난다.
정신과의사들은 <정신 병원>에 입원한 환자들이 "나는 미치지 않았습니다. [이제는] 다 나았습니다."라고 말할 때는 계속 입원시키려고 하고,
[영화 <쇼생크 탈출>에서도 이와 비슷한 장면이 나온다.]

"저는 [지금도 약간은] 미쳐 있습니다."고 말할 경우는 퇴원시킬 수도 있다는 것을……

❧   ❧   ❧

어디에 미쳐 있는가에 따라, 우리의 광기(狂氣)는 용납될 수도 있다.
저 장자(莊子)의 미치광이 접여(接輿)처럼 말이다.

책 두어 권을 추천하는 것으로, 이 책의 빈 곳과 집필에서의 아쉬움을 달랜다.

『인간과 상징』
　<칼 G. 융> 외 지음

『양자 심리학』
　– 심리학과 물리학의 경계 –
　아놀드 민델 저

제 1 장

소와 나, 그리고 우리

1. 이런 저런 이야기
2. 신화(神話) - <사람 이야기>
3. 이런! 그런 것을 알아채지 못했다니

화두(話頭) 하나.

어떤 거짓말쟁이가 말했다.
"저의 말은 거짓말입니다."

1. <그의 말>은 거짓말이다!
   왜 그런가?

2. <그의 말>은 참말이다!!
   왜 그런가?

3. <그의 말>은 참말??, 거짓말???
   왜 그런가?

꽃가지에 내리는 가는 빗소리
가만히 기울이고 들어 보세요
······
냇가에서 종종종 우는 새소리
가만히 기울이고 들어 보세요

어릴 적 <주일(主日) 학교>에서 배우고 가르쳤던
노랫말이다.

굳이 헤르만 헷세의 <싯다르타>와 <뱃사공>이
아니더라도, [우리도] 들을 수 있다!
흘러가는 저 작은 시냇물 소리와 또 바람 소리의
속삭임을······

도시의 일상생활에서라도 가끔 심호흡(深呼吸)을
하고, 가만히 어딘가에 귀를 기울인다면······

혹 이런 책에라도.

1. 이런 저런 이야기

소는 <젖소[유우(乳牛)]>와 <고기소[육우(肉牛)]>, 그리고 <일소[역우(役牛)]>가 있다. 물론 겸용종도 있다.

<젖소>인 얼룩소 홀스타인은 흔히 볼 수 있는 것이고, <고기소>는 우리 주위에서는 보기가 어렵고, <일소>는 한우가 대표적이지만, 이제는 경운기와 트랙터에 밀려서 고기소로 <전락(轉落)한 신세>다. 아니면 <놀고먹는 승진(昇進)한 신분>일지도……

소의 가축화(家畜化)는 대략 B.C. 5000 년이라고 하니, 우리 국조(國祖)인 단군(檀君)보다 더 오랜 것으로 보인다.

개, 염소, 돼지의 가축화는 그보다 더 이전이라고 한다. **<작은 덩치의 사육(飼育)**[수련(修練)] **경험을 바탕으로>** 큰 덩치의 소를 가축화했다는 것이다.

[이것은 중요한데, 덩치 즉 중량은 바로 에너지를 말하고 - <특수 상대성 원리> 공식(?)에서도 증명된 것이다. - 또 <(그 덩어리가 큰) 다세포 생물>이 열효율 면(?)에서 더 유리하다고 읽었던 것 같다.]

소를 생구(生口)라고 한다. 식구(食口)는 가족을 가리키고, 생구는 일꾼 등을 일컫는데, 그 정도로 소를 존중하였다는 것이다. 한마디로, <소 없이는> 그 힘든 농사를 지을 수 없었기 때문이다. 그래서 필자는 농우(農牛)라는 말이 좋다.

구약 성경에 보면, 재미있는 장면이 있다. 선지자 엘리야가 나이가 많아 후계자를 찾아 사밧의 아들 엘리사를 만났을 때의 모습이다.

[엘리사는 예수의 전생(前生) 내지 <그림자>다. <예표(豫表)>라고 번역한 것을 본 적도 있다.]

그가 열두 겨릿소를 앞세우고 밭을 가는데 자기는 열두째 겨릿소와 함께 있더라.

<겨리>는 <소 두 마리가 끄는 쟁기>를 말하고, <한 마리가 끄는 쟁기>는 <호리>라고 한다. 그는 <12 마리>로 밭을 갈았던 것 같다.

어떻게 소 12 마리를 혼자서 다룰 수 있겠는가? 아무래도 농경(農耕)에는 달인(達人)[싯다]이었음에 틀림없다.

더욱 감동적인 것은 그가 <한 마리 소가 되어> 열두째 겨릿소와 함께하여 밭을 갈았다고 하는 것이다.

겨릿소에서 왼쪽에 매는 소를 "안소", 오른쪽에 매는 소를 "마라소"라고 한단다.

그리고 멍에가 올려지고…… 쟁기[호리와 겨리]와 보습, 성에, 한마루, 물추리막대, 까막머리, 자부지, 봇줄……

몇 마디 말이 <무언가 알 수 없는, 지금은 잃어버린, 어떤 향수(鄕愁)>를 불러일으킨다.

넓은 벌 동쪽 끝으로
옛 이야기 지줄대는
실개천이 휘돌아 나가고

얼룩백이 황소가
해설피 금빛 게으른 울음을 우는 곳
그곳이 차마 꿈엔들 잊힐리야

☯

중학교 때 읽었던 것으로 기억하는데, 춘원(春園) 이광수의 <우덕송(牛德頌)>이라는 글이 생각났다. 그 책을 어떻게 찾나? 인터넷에서 다시 찾았다.

[참, 편리한 세상이다. <이 풍진 세상>을 만났다. 전략(前略)하고, 고쳐 옮겼다.]

우리는 소의 덕(德)이나 찾아보자.

<외모(外貌)로 사람을 취(取)하지 말라>하였으나, 대게 속마음은 외모로 나타나는 것이다.

아무도 쥐를 보고 후덕스럽다고 생각하지 아니할 것이요, 돼지를 보고 소담한 친구라고 아니할 것이다. 고양이는 표독스럽게 보이고, 수탉은 지혜롭게는 아니 보이며, 뱀은 그림만 보아도 간특해 보이고, 개는 충직하게 생겼다.

말은 날래지만 믿음성이 적고, 당나귀나 노새는 경망꾸러기다. 족제비가 지나갈 때엔 요망스러움을 느낄 것이고, 두꺼비가 입을 넓죽하고 앉은 것을 보면 아무리 보아도 능청스럽다. 벼룩의 얄미움과 모기의 도섭스러움은 다 그의 외모가 말하는 것이 아닌가.

우리는 동물의 외모를 보면 대개 그 성질을 짐작할 수 있다.

그런데 소는 어떠한가.

그는 어디로 보더라도 덕성스럽고 복성스럽다. "음매" 하고 송아지를 부르는 것도 좋고, 우두커니 서서 시름없이 꼬리를 휘둘러 파리를 쫓는 모양도 인자(仁慈)하고, 외양간에 홀로 누워 밤새도록 슬근 슬근 새김질을 하는 양은 성인이 천하사(天下事)를 근심하는듯하여 좋다.

장난꾸러기 아이놈의 손에 고삐를 끌리어 순순히 걸어가는 모양도 좋고, 한 번 성을 낼 때는 "으앙" 소리를 지르며 두 눈을 부릅뜨고 뿔이 부러지는지 머리가 바수어지는지 영웅(英雄)이 천하를 위하여 대노(大怒)하는듯하여 좋다.

무거운 멍에를 메고 밭을 가는 것이나 짐을 지고 가는 양은 인간의 짐을 대신하는 것이어서 눈물이 나도록 고맙거니와, 지친 오후 풀밭 나무 그늘에 누워 한가히 낮잠을 자는 양은 천하를 다스리다가 피곤한 저 대인(大人)이 쉬는 것 같아서 좋다.

세상을 위하여 일하다가 등이 벗어지고 기운이 지칠 때에, 마침내 푸줏간으로 끌려 들어가 피를 쏟고 목숨을 버려 사랑하던 자에게 내 살과 피를 먹이는 것은 성인(聖人)의 극치인 듯하다.

소를 느리다고 하는가.
소를 어리석다고 말라.
소보고 못났다고 말지어다.

소! 소는 동물 중에서 인도주의자(人道主義者)다. 동물 중의 부처요, 성자다.

아리스토텔레스의 말대로 만물이 점점 고등하게 진화되어 가다가 소가 된 것이니, 소 위에 사람이 있는지 없는지는 모르거니와……

아마도 **소는 사람이 동물성(動物性)을 잃어버리고 <신성(神性)에 도달(到達)하기 위해> 가장 본받아야 할 선생**일 것이다.

☯

人頭日日白(인두일일백)
山色時時靑(산색시시청)
人山俱忘了(인산구망료)
無白亦無靑(무백역무청)

이 머리털 나날이 희어지고
저 산은 사시사철 푸르구나.
저 산도 사람도 잊어버리면
나잇살도 푸른 것도 없도다.

- 효봉(曉峰) 스님 -

2. 신화(神話) - <사람 이야기>

내가 보니
그 속에서 네 생물(生物)의 형상이 나타나는데
그 모양이 이러하니 <사람의 형상(形像)>이라.

그 얼굴들의 모양(模樣)은
넷의 앞은 <사람의 얼굴>이요
넷의 우편(右便)은 <사자(獅子)의 얼굴>이요
넷의 좌편(左便)은 <소의 얼굴>이요
넷의 뒤는 <독수리의 얼굴>이니

　히브리 성경 에스겔서(書)에 나오는 저 유명한
<멜카바 환상(幻像)>이다. [이것은 요한 계시록에도
나온다.] 에스겔은, 뒤에 다시 환상을 보고, 그것을
약간 다르게 표현한다.

그룹들은 각기 네 면(面)이 있는데
첫 면은 <그룹의 얼굴>이요
둘째 면은 <사람의 얼굴>이요
셋째는 <사자(獅子)의 얼굴>이요
넷째는 <독수리의 얼굴>이더라.

<**소**의 얼굴>이, 다시 보니, <그룹의 얼굴>이라고 한다.

그룹이 무엇인가?

그룹은 <케루빔, כרבים>을 말한다. 케루빔은……

에덴동산 즉 행복동산에서 추방당한 우리가 저 <**생명나무의 길**>로 들어가지 못하도록 <**두루 도는 화염검**(火焰劍)과 함께 지키고 있는 천사들>이다.

소가 **그룹**이다…… 소가 그 천사(天使)다. 성경은 <**소**[의 얼굴을 가진 천사가 **그 길**로 가는 문(門)을 지키고 있다>고 말한다.

그리고 에스겔은 말한다. **좌편**(左便)에 있는 그 얼굴이, 다시 보니, **첫 면**(面)이더라고 말이다.

[예수의 그 유명한 말이 떠오른다.

"**성경**(聖經)**은 폐**(廢)**하지 못하나니!**"
"The Scripture cannot be broken!"]

그렇다면 또 저 <**두루 도는 화염검**(火焰劍)>은 무엇인가?

"라하트 하헤레브 함미트합페케트"

"להט החרב המתהפכת"

"a flaming sword which turned every way"

라하트는 "불타오르다", "빛나다"를,

헤레브는 "칼", "도끼"를 의미하고,

함미트합페케트는 "flashing back and forth",
즉 "앞뒤로 **번쩍이는**", "모든 방향으로 **회전하는**"을
의미한다. "**두루 도는**"의 함미트합페케트!

["스판다"가 함미트합페케트의 뜻을 갖고 있다.]

도대체 "빙빙 도는 불칼" "돌아가는 불칼" "회전
하는 칼의 불꽃"이 무엇인가? <그 자체의 힘으로
스스로 돌아가는, 빠른 속도로 그 동작이 계속되고
있는> 라하트 하헤레브! 불타오르는 칼!

두루 도는 화염검(火焰劍)!

우리 **인간**은 <그룹>과 그 <불칼>을 통과해야만
저 <**생명나무의 길**>로 들어갈 수 **있다**고 성경은
암시(暗示)한다.

우리는 저 에스겔의 멜카바 환상(幻像)에서 많은
정보(情報)와 힌트를 얻는다.

네 그룹의 바퀴의 둘레에 눈이 가득하더라.
내가 들으니
그 바퀴들을 <도는 것>이라 칭(稱)하며

그것은 어쩌면 그 안에 눈(眼)이 가득한, **불타며
<돌아가는 것>**일지도 모른다. 눈(眼)으로 상징되는
수많은 영혼(靈魂)이 달라붙어 **<돌아가는 바퀴>** 즉
<윤회(輪廻)>라는 그 바퀴 말이다.

또 두루 도는 화염검(火焰劍)은 "카알라-아그니"
즉 **<시간(時間)의 불>**일지도 모른다. 우리 모두는
태어나는 순간, 시간과 공간 속으로 들어온 것이고,
이제 그 시간의 불은 우리의 몸을 호흡(呼吸)으로
[산소(酸素)로] 태우고 있다. 죽음을 향해서 말이다.
그래서 **비갸나 바이라바**는 말한다. **발가락에서
부터 타오르는 불길에 집중하라**고 말이다.

우리는 우리를 가둔 이 시간의 불을 뚫지 않고는
저 영원의 세계로 들어갈 수 없다.
[우리를 가둔 것은, 사실은, 이 시간의 불을 포함
하는 **<마야의 다섯 가지 덮개>**다.
두루 도는 화염검(火焰劍)은 **<다섯 가지 덮개>**를
상징할 것이다. 잘 생각해보라. "앞뒤로 번쩍이며"
"모든 방향으로 회전하며" 우리가 **<신성(神性)으로**

들어가는 길>을 막고 있는 것을……]

☯

신화(神話)는 신의 이야기가 아니다. 우리 인간의 이야기다. **<사람 이야기>다.** 우리 사람 외에 <신을 만든(?) 존재>는 없다.
<이런 것들을 이해(理解)하려면> 꽤 시간(時間)이 걸릴 것이다. 그러나 괴롭고 힘든 <[영성 수련의] 시간의 불>을 통과해야 우리는 볼 수 있을 것이다. 영원, 영생(永生), 불멸(不滅)이라는 것을 말이다.

우리가, 아니 <내>가 곧 신(神)이라고?

많은 경전(經典)이, <참 종교>가 그렇게 말한다고 하더라도, 우리는 <속으로는, 내 진심(眞心)으로는> 그런 것을 믿을 수 없다. <그런 일>은 부처님이나 예수님이라면 모를까……

☯

필자가 어릴 적 처음 다닌 교회는 <신농(神農) 교회>였다. 누가 왜 그런 이름을 지었는지, 그때는 물어볼 의향도 물어볼 곳도 없었지만……

중국의 신화에서 신농(神農)씨(氏)는 <**불의 신**> 염제(炎帝)를 말한다. [반면에, 황제(黃帝)는 단지 <땅의 신>일 뿐이다.

필자가 어릴 때, <[시간의] 불의 신>을 상징하는 <신농(神農) 교회>를 다닌 것은 우연이었을까?]

우리 한민족(韓民族)이라면 거의 <무의식적으로 이끌리는> 신농의 <치우(蚩尤)와 형천(形天)>!

그들에게 왜 우리는 이끌리는가? 중국의 신화를 조금만 읽어도, 우리는 그들에게 마음이 끌린다.

혹시 왜 그런지 생각해 보았는가?

그들은 - 어쨌든 - <무두인(無頭人)[A-cephale]> 이다. <**친나마스타** 여신(女神)> 말이다. 우리는 그 의미를 배워야 한다. 그것이 <우리 한민족의 삶>의 길이었기 때문이다. "신(神)들린" 듯이 "신(神)나는" <**가슴**의> 삶을 사는 사람들 말이다.

<농경의 신> 염제(炎帝) **신농(神農)씨는 얼굴이 소처럼 생겼다**고 한다. 못생겼다는 말인가?

<얼굴>은 어떤 의미인가? <신화의 보고(寶庫)> 히브리 성경에서 **여호와**[즉 존재계]는 **모세**를 보고 말한다.

보라. 너는 그 반석 위에 서라.
내 영광(榮光)이 지나갈 때에
내 손으로 너를 덮었다가 거두리니
네가 내 등을 볼 것이요,
얼굴은 보지 못하리라.

무슨 말인가?

성경은 다시 말한다.

네가 내 **얼굴**을 보지 못하리니
나를 보고 살 자가 없음이니라

그러나 모세는 여호와께서 **대면(對面)하여** 알던
자이었고, 여호와께서는 - 사람이 자기의 친구와
이야기함 같이 - 모세와 **대면하여** 명백히 말하고
<은밀한 말>로 하지 아니하였다고 전한다.
[여기서 <은밀(隱密)한 말>은 꿈을 말한다.]

<얼굴>은 본성(本性), 본질(本質), 핵심(核心)을
말한다. <침묵(沈黙)>이라는 어떤 핵심으로 들어갈
때, 우리의 에고는, 우리의 마음은, 우리의 생각은
간단히 사라진다[죽는다]. 그리고 직관(直觀)과 통찰
(洞察)이라는 무엇이 나를 이끈다.

하여튼 신농씨의 본성은 **소**라고 한다. 필자에게 <신농(神農) 교회>는 아내를 만난 곳이기도 하다.

아내와 인도(印度) 여행을 할 때의 일이다.

[아내는 (지금까지는) 신화(神話) 등에는 관심이 없는 한국의 <보통 여자>다. 필자가 보증한다.]

유명한 **엘로라** 석굴(石窟)의 **쉬바** 사원(寺院)에 들어갔을 때였던 것 같다. 지나가는 사람들이 없는 것을 보고, 아내는 갑자기 그 작은 <난디 상(像)>을 올라타고는 사진을 찍어달라고 했다.

나는 급히 **셔터**를 눌렀고 아내는 곧 내려왔지만, 그때 이쪽으로 오고 있던 어떤 인도인 남자가 <이 신성 모독(神聖冒瀆)을 보고> 뭐라고 지껄이면서 지나갔다.

[힌디어를 모르는 것이 얼마나 다행이었던지…… 그는 점잖은 사람이었다.]

아내는 **소**(蘇)씨다. **소**가 소를 타다니……

🍃

소 난디는 <**우주 의식**(宇宙意識)>이라는 **쉬바**의 <**탈 것**>이다. **의식의 <몸>이다.** 그래서 인도에서는 "Holy Cow" 즉 **성우**(聖牛)라고 한다.

우리나라에서는 한때, <슬기로운 **소**[성우(惺牛)]> 하나가 "**달, 달, 무슨 달**? 쟁반 같이 둥근 **달!**"을 부르며 달구지에 수월(水月)과 혜월(慧月), 또 월면(月面)을 태우고 <길 없는 길>을 갔다고 한다.

그래서 <**소**와 **달**은 함께[**구**(俱)] **지**(智)가 되어> **소달구지**가 되었다는 설(說)도 [지금] 있다.

<그런 **소달구지**>는…… <홀로> <절로> <스스로> 간다!

성경에도 <그런 소달구지>가 있었는데……

<**법궤**(法櫃)를 싣고 가는 소달구지> 말이다. [그 <소달구지 이야기>는 이 책 제 6 장의 <선과 악의 심리학> 부분에서.]

❧

"**의식**(意識)의 <몸>……"

불교에서는 그 <몸>을 법신(法身)과 보신(報身), 화신(化身)의 세 가지로 설명한다.

다르마-카야와 **삼보가-카야, 니르마나-카야**로 말이다.

철저한 <우상(偶像) 내지 형상(形像) 파괴자들>로 출발하여 전성기를 누렸던 불교가…… 쇠퇴인가? 발전인가? 당연히 발전이다. 아무튼……

노자(老子)도 **소**를 탔다고 한다.

그런데 **알렉산더** 대왕이 소를 탄다면…… 그리고
나폴레옹이 소를 탄다면…… 당연히 안 어울린다.
그들은 말(馬)을 타야 한다. <**소**를 타는 일>은 아무
에게나 어울리는 것이 아니다.

[그런데, 이런! 선진(先進)들은 우리가 벌써 **소**를
타고 있다고 한다.]

斫來無影樹(작래무영수)
燋盡水中漚(초진수중구)
可笑騎牛者(가소기우자)
騎牛更覓牛(기우갱멱우)

그림자 없는 나무 베어
물거품 태워 없애련다?
우습구나, 소를 탄 이
소를 타고 소 찾는다!

– 휴정(休靜) 서산(西山) 대사 –

3. 이런! 그런 것을 알아채지 못했다니

이제 우리는 <소달구지를 탈 일>도, 또 <소를 탈 일>도 없다.

생구(生口)라고 부르던 농우(農牛) 혹은 일소는 사라지고, 경운기와 **트랙터**가 열두 겨릿소, 스무 넷 겨릿소의 역할을 한다.

이제 인간이 소와 함께하던 시절은 가버렸는가?

몇 년 전 개봉되어 우리의 가슴을 찡하게 했던 영화 <워낭 소리>를 어찌 잊을 수 있겠는가!

<워낭 소리>라는 우리말 그 자체가 워낙 우리의 <잃어버린 무엇>을 건드리는 소리였다.

또 그 영화의 영어 제목도 "Old Partner"였다. 누군가가 말했듯이, 그들은 벗이고, 가족(家族)이고, 분신(分身)이었다.

이제 소는 우리에게 육우(肉牛)와 유우(乳牛)로만 볼 수 있을 뿐이다.

이제 소는 <쇠고기 공급자>로, <분유 제공자>로, <우유(牛乳)>로 우리를 먹여 살리고 있다.

이런! 그런 것을 알아채지 못했다니⋯⋯

소는 농우(農牛)로 있을 때의 역할, 즉 벗이고, 가족(家族)이고, 분신(分身)이었던 것보다 더 가까이 있는지도 모른다.

우리는 명절날이면 쌀밥에 쇠고기국을 먹었고, 요즘도 외식(外食)하는 날이면 <비프-스테이크>를 자를지도 모른다. 그래서 가난했던 시절과 지금도 우리 몸에 에너지를 공급하고 있다.

그래서 **소**가, 쇠고기가 나의 일부가 되어 있다. 에너지와 근육(筋肉)과 몸으로 말이다. 이제 나는 소의 힘, 그 에너지로 채워진다.

[잘 관찰하면, 우리는 <**이 세상(世上) 모든 것이 곧 에너지의 현상**>이라는 것을 알 수 있다.]

갓난아이는 본능적으로 엄마의 젖꼭지를 찾는다. 인간은 포유류(哺乳類)다. <젖먹이동물>이다.

우리가 태어난 후 <세상과의 첫 대면(對面)>은 엄마의 가슴[**젖**, 유방(乳房)]이었다. 그것은 우리의 생명줄이었고, **젖**은 절박한 우리의 생명이었다.

젖이 무엇인가?

<**소**의 **젖**>이 우유(牛乳)다. <엄마의 젖>은 모유(母乳). "milk"라는 영어는 이제 우리에게 우유로 굳어진 듯하다. 그것을 **젖**이라고 번역할 일은 거의 없는 것 같다.

하여튼, 젖 내지 우유는 모유가 모자라는 산모를 위해 분유(粉乳)가 되어 우리를 먹여 살린다. 갓난아기의 생명이 되어, **에너지**가 되고 몸이 된다.

모유를 먹이던 시대를 지나, 한때 <신세대 여성들>은 아이를 많이 낳고 젖 물리는 것을 미개한 것으로 여기고, 그리고 분유를 먹이는 것이 교양과 부(富)의 척도쯤으로 여겼던 것도 같다.

그 뒤, 모유 수유의 중요성이 드러나면서, 요즘의 신세대 여성들은 구닥다리 그 <신세대 여성들>의 전철(前轍)을 밟지 않아 천만다행(千萬多幸)이다.

우유는 어린아이뿐만 아니라, 성인들도 섭취한다. 잘 아는 대로, **치즈**, **버터**뿐만 아니라, **아이스크림** 등 여러 가지로……

그리고 또 <한 병의 우유>가 죽어가는 **아프리카** 어린이를 살려내고 있다는 것도.

❂

젖이 무엇인가?

우리는 이 세상에 와서 우리의 생존을 위해 여러 가지 많은 **젖**을 먹었고 또 먹고 있다.

그렇지 않았다면 우리는 이 적자생존(適者生存)의 세계에서 도태(淘汰)되고 말았을지도 모른다.

가정교육과 학교교육이라는 **젖**으로 우리 인간은 학력(學力)과 <인간관계를 맺을 수 있는 **힘**(力)>을 얻는다.

그다음 그 **힘**으로 직장을 구하고 결혼을 하고, 그리고 자식(子息)을 위해 <먹이>를 물어 집으로 나른다. 그리고 그 <먹이>는 또 자식의 **젖**이 된다.

❂

이런! 그런 것을 알아채지 못했다니……

망월사(望月寺)에서 동안거(冬安居)를 준비하던 춘성(春城) 선사기 승려들과 산에서 나무를 하다가 경찰에 붙잡혔다.

경찰 : 나무를 왜 베었소?

선사 : 날씨는 춥고, 땔감이 없어서 그랬소.

경찰 : 그것은 위법(違法)이오.

　　　　본적(本籍)이 어디요?

선사 : 우리 아버지 불알이오.

경찰 : 뭐요? 본적(本籍)이 어디냐고요!

선사 : 우리 아버지 불알이라고 하지 않았소?

경찰 : 당신 미쳤소?

　　　　어디서 왔소? 어디서 자라났냐 말이오!

선사 : 우리 어머니 자궁(子宮)이오.

경찰 : 뭐요?

선사 : 우리 어머니 자궁이라고 하지 않았소?

경찰 : 당신, 완전히 미쳤군!

　　우리 모두는 <하나님 아버지>의 불알에서 나온 **씨, 씨앗**이 아닌가?

　　우리 모두는 <어머니 대지(大地)>라는 **자궁**에서 왔고, 또 거기서 자라[났]지 않은가?

☯

　월면(月面) 만공(滿空) 선사가 <어떤 불상(佛像)> 앞에 섰을 때, "이 부처님은 젖가슴이 크니, 이곳 스님들은 양식(糧食) 걱정은 없겠다."고 했다.

　옆에 있던 여스님이 "복덕(福德)과 과보(果報)도 없는 사람들이 어찌 <부처님의 **젖**>을 먹을 수 있겠습니까?"라고 하자, 선사가 말했다.

　"자네는 부처님의 젖가슴을 건드리기만 하니까, 젖을 못 먹네."

☯

　우유가 어떻게 <나의 몸>이 되고 **에너지**[힘]가 되어, 나를 활동하게 하는가?
　그런 것을 <제 3 장>의 **미토콘드리아**와 **에너지** 부분에서 좀 더 알아볼 것이다!
　그러나 이 책은 <생물 교과서>나 <물리학 책>이 아니다.

제 2 장

음매

1. **그 태초의 소리**
2. "낫 놓고 기역자도 모른다!"를 안다?
3. 우리말과 훈글

화두(話頭) 둘.

<부활의 새벽> 막달라 마리아는 예수의 무덤을 찾았으나 그를 보지 못하고, 뒤로 돌이키고 돌이켜 그를 **보고 알았다.**

<부활의 예수>는 그녀에게 "나를 만지지 말라!"고 했다.

1. <부활의 예수>를 어떻게 만날 수 있나?
2. <본다>, <안다>는 것은 어떤 현상인가?
3. 예수는 왜 "나를 만지지 말라!"고 했나?
4. <예수의 부활>은 나에게는 불가능인가?

<어질고 너그러운> 양관(良寬) 선사는 산기슭의
작은 암자에서 가난하게 살았다.

　　어느 날 밤, 그 암자에 도둑이 들었지만 훔쳐갈
만한 것이 없었다.

　　그때 돌아온 선사가 도둑을 보고 말했다.

　　"자네는 나를 찾아 먼 길을 왔을 것이네. 그러니
어떻게 자네를 빈손으로 보낼 수 있겠는가. 내 이
옷을 선물(膳物)로 줄 테니 가져가게."

　　도둑은 당황(唐惶)하여 옷을 받아들고는 줄행랑을
쳤다.

　　선사는 **벌거벗은 채**, 달을 쳐다보면서 혼자 중얼
거렸다.

　　"[내, 그 친구에게]
　저 아름다운 **달**을 줄 수 있으면 좋으련만."

달을 보는 사람의 마음은 천태만상(千態萬象)일 것이다. 특히나 우리의 시야가 확 트인 공간에서 태상(泰祥)의 만월(滿月)을 보노라면……

저 달은 누구에게는 밀월(蜜月)일지도 모르지만, 다른 이에게는 "어쩌다 생각이 나겠지, 둥근달을 쳐다보면서……"의 이별일지도 모른다.

아니면 "강남달이 밝아서, 님이 놀던 곳"일지도 모른다.

또 아니면…… <또[도] 아니면 개나 모>일지도 모른다.

내게는 저 달이 어떤 것으로 다가오는가?

달은, 선가(禪家)에서는 <**진리**(眞理), **실재**(實在), **불성**(佛性), **깨달음**>의 상징이다.

"**달**을 가리키는 손가락을 보지 말고, **달**을 보라."

그날 밤 <어질고 너그러운> 선사는 **벌거벗은 채**, 달을 쳐다보며 혼자 중얼거렸단다. 옷을 주었으니 몸이 추웠을 텐데……

그때, 몸은 옷이 되고……

1. 그 태초의 소리

　우리가 갓난아기로 태어나면서 지르는 그 태초의 소리는 "응애, 응애" "으아, 으아"이다.

　[영성(靈性) 수련에서의 <그 무엇>을 나타내려는 말뿐만 아니라, 이런 의성어(擬聲語)와 또 의태어(擬態語)에서도 우리는 당장, 언어라는 것의 한계를 느낀다.
　不立文字! 그것은 언어(言語) 즉 말이 있는 한, 만고(萬古)의 진리다.]

　서포(西浦) 김만중은 『구운몽(九雲夢)』에서 <그 태초의 소리>를 이렇게 표현했다.

　"구아(救我), 구아(救我)!"[응애, 응애!]

　주인공 성진이 태어나면서 <나 살려라>라고 소릴 질렀다는 것이다. 그래서 그 고고지성(呱呱之聲)은 고고지성(孤苦之聲)일지도 모른다.

　<나>와 온전히 <하나>이었던 그 모체(母體)에서

떨어지는 그 순간을……

　[그것은 "엘리 엘리 라마 사박다니"의 경험이다. <그런 체험>이 있어야……]

　혹 기억할 수 있겠는가? <그 순간>을……

　<인간이 기억(記憶)할 수 있는 최초의 기억>은 생후 2, 3세의 것이 그 한계라고 심리학자들은 말한다. <그 순간> 이전의 기억이라면 전혀 모른다는 것이다. 그것은 <무의식(無意識)의 것>이다.

　힌두교도들은 <사탸-유가[진리의 시대]>가 있었다고 한다. 먼 옛날 어딘가에 <모든 것이 아름답고 행복했던 시기>가 있었다고 말이다.
　기독교도들은 처음 사람인 아담은 에덴동산, 곧 <행복동산>에서 살았다고 믿는다.
　중국의 전설도 도(道)가 편만(遍滿)하였던 어떤 <황금의 시대>가 있었다고 한다.

　심리학자들은 <그런 과거는, 실제의 역사에서는, 결코 존재하지 않았다>고 말한다.
　이런 황금빛 시절은 <우리의 무의식에 존재하는, 자궁(子宮) 안에서의 깊은 기억(記憶)>일 뿐이다.
　그리고 그것은 존재하였다. <자궁 속의 아이>는,

<무의식(無意識) 속에서, 즉 **알아채지 못하면서**>, 지금도 지복(至福) 속에 살고 있다.

☯

소는 "음매!" 하며 운다. 영어로는 "moo!"라고 한단다. "무-"? 홍당무?
[영어권 사람들 <귀>는…… <당나귀 귀>인가?]

"음매!"

그 소리는, 필자에게는 아이가 "엄마!"를 부르는 소리처럼 들린다.
[그러면 필자의 귀는…… <**소** 귀>(**쇠귀**)인가?]

"엄마!"

혹 엄마라는 말은 <세계 공통어>인 것을 아는가?

어떤 언어에서도 <엄마>라는 말은 <마>와 관련이 있다. "Mother", "Mater", "Mutter", "Mama", "まま[마마]", "嬷[mā]", "마타", "ꮅ[mā]"……

어린아이는 <마>를 가장 쉽게 응얼댈 수 있다.

목과 입의 구조 때문에 <마>는 응얼대기 가장 쉬운 음(音)이다. 그 최초의 소리가 <마>이다.

그리고 <엄마>는 <가장 가깝고>, 또 <의미 있는 최초의 사람>이다. 그래서 그 첫소리는 <의미 있는, 그 첫 사람>을 연상(聯想)하게 한다.

어린아이가 <마>를 응얼댈 때, 그는 거기에 어떤 언어적인 의미도 넣지 않았다. 그러나 **어떤 느낌이 거기에 있다.** 그러므로 **<느낌>이 <소리>보다 먼저다.** [이것은 **비갸나 바이라바**에서 강조한 것이다.]

"어머니!"

<다 큰 사람들>도 그 말을 속으로 가만히 말하면 저마다의 어떤 느낌과 그리움……

하여튼 <목구멍소리> "ㅇ"과 <입술소리> "ㅁ"은 아직 이[치아]가 없고, 혀가 잘 돌아가지 않는 상태에서도 낼 수 있는 소리다. **<그 태초의 소리>**다.

엄마와 음매!

경상도에서는 "옴마"라고 했다. [필자도 어릴 때 그렇게 불렀다. 나중에 학교에서 <엄마>를 배우고, <옴마>라고 자꾸 말하는 것이 부끄러웠다.]

"옴마"는 옴[ॐ]의 파생어가 아닐지…… 아니면 그것에 <더 가까운 무엇>……

잘 아는 대로, 옴[ॐ]은 <그 태초의 소리>의 상징 소리다. 그리고 기독교와 이슬람교의 아멘은 옴의 파생어일 뿐이다.

"아멘[אמן]"은 "ㅇ[א]", "ㅁ[מ]", "ㄴ[ן]"으로 되어 있다. 히브리어에는 **모음(母音)**이 없다.

[그래서 예수에게는 <아버지>만 있는 모양이다. <아바[Αββα] 아버지> 말이다. 우리말의 "아빠"다. 얼마나 아버지가 그리웠으면……

예수는 "**나와 아버지는 하나이니라.**"고 했다.]

아무튼 히브리어의 아멘[אמן]은 [모음이 없으므로] 우리말의 <어머니>에서 모음을 없앤 모습이다.

히브리어(語)에서 알렙[א] 즉 <아[א]>는, 실제로는 **묵음(黙音)이다.** [이것은 중요한 의미가 있다!]

혹시 영어의 "A"가 어디에서 왔는지 아는가?

히브리어 첫 문자 "알렙[א]"에서 왔다.

히브리어 "알렙[א]"이 어디서 왔는지 아는가?

그것은 "**소**"의 형상(形像)을 본뜬 것이다.

☯

<**그 태초의 소리**>를 떠올릴 때면, 나는 또 잊지 못할 소리가 있다.

<그 새벽 수탉이 질렀던 소리> 말이다.

우리, 특히 남자들은 흔히 장담(壯談)하는 용기가 있다. <큰소리치는 버릇> 말이다.
특히 사랑이나 결혼을 위해서는……

"나는 영원히 당신을 사랑하겠소!"

도대체 무슨 소리를 하고 있는가?

우리는
<**나**는>의 "**나**"라는 것도,
<**영원**히>의 "**영원**"이라는 것도,
<**당신**을>의 "**너**"도,
<**사랑**하겠소!>의 "**사랑**"도 잘 모른다.

잘 모르는 것이 아니라, 전연 모를지도 모른다.

[잘 안다고?
우리는 <그냥 대충 그런 식으로> 말하고
또 <그냥 대충 그런 식으로> 알아듣고 넘어간다.
그것이 모든 불행(不幸)의 시초다.

<한 단어>, <한 단어>씩 곰곰이 따져본다면
  우리는 **<말도 안 되는 소리>를 함부로 지껄이고
있다**는 것을 알아챌 수 있다.]

<성질 급한 사람>일수록 말이 <더 빠르므로>, 또
<말 잘하는 사람>일수록 더 그럴 것이다.
  **그들은 자신들이 지금 무슨 말을 하고 있는지도
모르면서, 속에서 나오는 대로 그냥 지껄이고 있다.**
  [심지어 <침묵(沈默)>에 대해서도 꼬박 몇 시간을
지껄일 수 있고, 또 지껄이고 있다.
  여기에서 침묵은 당연히, 명상(冥想)이나 신(神)을
의미한다.]

하여튼 지금 이야기의 주인공도 그런 사람이었던
모양이다.
  자신의 어떤 운명을 예감한 스승이 그런 암시를
하자, 그는 단호히 말한다.

"저는 당신과 함께
  <옥(獄)에도> <죽는 데도> 갈 수 있도록
  준비(準備)되어 있습니다."

  <나는 영원히 당신을 사랑하겠소.>라는 **뜻**인데,
그 소리를 듣고 스승은 웃었다고 한다.
  아니, 속으로 웃었고, 겉으로는 이렇게 말했다.
  "(안 그럴 걸.)
  [바로] 오늘 [밤] **닭 울기 전에**……
  (그런 말은 <말도 안 되는 소리>가 될 걸.)"

  그리고 그 밤, 우리의 주인공은 대략 이런 식의
말을 했다고 한다. 그것도 세 번이나.
  "이 사람아!
  나는 <너 하는 **말**>을 알지 못하노라."
  [우리의 주인공, 상대방을 보고 <말도 안 되는
말>을 하고 있다면서, 정작 자신은 <말도 안 되는
소리>를 지껄이고 있었다.]

  그렇게 <말도 안 되는 **소리**>를 **방금 말할 때에**
닭이 곧 울더라. [그 닭 울음소리가……]
  스승이 **돌이켜** 우리의 주인공을 **보시니**
  우리의 주인공, 불현듯 <스승의 **말**>이 생각나서
밖에 나가서 심(甚)히 통곡(痛哭)하니라.

그 새벽 수탉이 질렀던 소리!

그 닭 울음소리를 듣고 알아채도록 하기 위해, 스승은 그 경황(驚惶) 중에도 우리의 주인공에게로 몸을 **돌이켜** 그 눈을 찾는다.

우리의 주인공은 스승의 눈, 그 눈빛과 마주쳤다. 무언가를 <말>하려는 것 같은……

"아, 그래……"

그리고 밖에 나가서 남몰래 흘리는 한 사나이의 닭똥 같은 눈물……

[기독교에 있을 때, 『아버지의 통곡(痛哭)』이라는 책을 읽은 적이 있다.

<여인의 눈물>도 우리를 울리지만…… <필자의 책>은 유독(惟獨) 남자들의 눈물만 다룬다.]

거의 모든 기독교 분파(分派)는 그들의 상징으로 십자가를 내세운다.

십자가(十字架)가 교회의 상징이라는 것이다.

그렇게 알고 있고, 아무도 이의(異義)를 제기하지 않는 것 같다. 한마디로, 잘못된 것이다.

잘 아는 대로, 십자가는 기독교를 **로마**의 국교로 만든 **콘스탄티누스** 황제께서 전쟁에 나갈 때 이것으로 이기라는 꿈을 꾸고 승리한 것으로 채택된, 다분히 <정치적인 합의>일 뿐이다.

그것은 <기독+로마교(敎)>의 상징일지는 모르나, 교회의 상징일 수는 없다. 교회(敎會)는 그런 것이 아니다.

개신교의 한 분파인 **루터교**(敎)는 교회당 첨탑에 십자가 대신 수탉을 올려놓았다. 북유럽 쪽에서는 그런 모습을 볼 수 있다.

우리 인간의 <말도 안 되는 **소리**>를 **경고하는** 저 새벽의 <닭 울음**소리**>의 상징으로 말이다.

그리고 그 **닭 울음소리와 함께 <나>를 바라보는 그리스도의 눈빛**……

그러나 교회의 상징은 십자가도, 닭 울음소리도 아니다. 나는 성경(聖經)을 근거로 이야기한다.

신약의 <상징 덩어리>는 당연히 **요한계시록**이다. 그러나 개신교의 시발점이 된 **루터**는 **요한계시록**에 의혹의 눈초리를 보냈고, 개신교의 대 주석가라는 **칼빈[칼뱅]**은 그것을 쓰레기로 분류하여, 아예 책을 쓰지도 않았다는 것은 아주 유명한 이야기다.

<신화와 꿈의 언어> 즉 <상징(象徵)>을 모르는 축들로서는 그럴 수밖에 없다.

요한계시록은 말한다.

[그들이] 향(香)이 가득한 금 대접을 가졌으니
이 향(香)은 성도의 기도(祈禱)들이라

They were holding golden bowls
    full of **incense**[odours],
which are **the prayers** of the saints.

향(香)은, <향을 피우는 것>은 기도를 상징한다.

일곱 <별>은 일곱 교회의 <사자(使者)>요
일곱 <촛대>는 일곱 <**교회**(敎會)>니라.

The seven stars are
    the angels of the seven churches,
the seven **candle-sticks** (which thou sawest)
    are the seven **churches**.

"candle-sticks" 대신에 "lamp-stands"도 좋다.
그것이 교회의 상징이다. 성당과 교회당 첨탑에
올리든 말든, 그것이 교회의 상징이다.
그것은 또 구약이 말하는 저 지성소(至聖所) 안의
등대(燈臺) 즉 메노라[מנורה]다.

髮白非心白(발백비심백)
古人曾漏洩(고인증루설)
今聽一聲鷄(금청일성계)
丈夫能事畢(장부능사필)

나이가 든다고　　지혜도 밝아진다?
옛사람도 일찍이　　말하지 않았던가!
새벽 닭 우는 소리　　듣는 이 순간
대장부 일대사를　　마치었도다!

- 서산(西山) 대사 -

莫道白雲無心客(막도백운무심객)
老僧不忘重重來(노승불망중중래)
雖然白雲非我親(수연백운비아친)
遠村鷄鳴余知己(원촌계명여지기)

떠도는 구름 보고　　무심타 하지 마오.
노승은 모든 것을　　잊어버렸소.
저 흰 구름 어떻게　　내 벗이 아니리오.
새벽 닭 우는 소리　　나를 찾노라.

- 만공(滿空) 선사 -

49

2. "낫 놓고 기역자도 모른다!"를 안다?

낫 놓고 "ㄱ"도 모른다?

우리는 다 안다. 적어도 현재의 한국인들은, 국민 교육수준이 세계 최고인데, 그것을 모르겠는가!

그러나 영어의 TOEFL과 TOEIC, TEPS 점수가 고득점이고 유창하게 <영어 회화>를 하는 사람도, 어쩌면 모를지도 모른다.

소를 두고 "A"도 모른다! ["A"는 알면서……]

영어 "A"는 알렙[א]에서, "א"은 "소"에서 왔다고 했다. 그리고 "א"은 묵음(黙音) 즉 소리가 없다.
[소는 원래 <침묵(沈黙)의 스승>이다!]

"알파벳[alphabet]"은 <알렙[א]-베트[ב]>에서 온 것이다.
"소"의 알렙[א]은 묵음, 침묵(沈黙)을 말하고,
"집"의 베트[ב]는 (그것이) 나의 고향, 근원(根源) 인 것을 말한다.

우리는 영어공부를 실컷 하고도, **"낫 놓고 기역 자도 모른다."**를 모를지도 모른다.

"알파벳[alphabet]을 안다."는 말이 <침묵이 곧 나의 근원인 것을 안다>는 의미(意味)라고 한다면, 우리는 알파벳도 모를지 모른다.

카시미르 쉐이비즘의 말로 [확대하여] 말하자면, 우리는 우리가 쓰는 <말의 그 근원>[**파라 바크**, 즉 <말하게 하는 자>]도 모르면서[**알아채지 못하면서**] 그냥 말하고 있는지도 모른다.

☯

영어의 시조격(始祖格)인 히브리어에서

알렙[א]은 "**소**"의 모양에서 따왔고, 소리는 없고, 베트[ב]는 "집"의 모양에서 따왔고, 소리는 "ㅂ", 깁멜[ג]은 "낙타"의 모양에서, 소리는 "ㄱ", ...

그것이 영어(英語)다. <인도-유럽어군(語群)>에서 유럽어는 대개 그런 수준이다.

그러나 <한글>은 다르다.

한글은 <소리글자>다. 아주 과학적(科學的)이다!!! <그 소리가 나는 그곳>을 찾아 <그곳의 모양으로> 글자를 만들었다.

　[이런 글자 정도가 되어야 저 <호모 사피엔스>가 만든 것이라고 할 수 있다.

　유럽어와 창힐(倉頡)이 만들었다는 한자(漢字)는 <호모 파베르[Homo faber, 공작인(工作人)]>나 <호모 루덴스[Homo ludens, 유희인(遊戱人)]>가 만든 것 같다. 일본어는 논의에서 제외한다. 이유는 나름의 상상으로……]

　한글의 모음(母音)은 천지인(天地人)을 상징하는 "ㆍ" "ㅡ" "ㅣ"가 그 기본(基本)이다.

　<하늘["ㆍ"]>이 <사람["ㅣ"]>과 <땅["ㅡ"]>의 상하 좌우에 붙어, "ㅏ ㅑ ㅓ ㅕ ㅗ ㅛ ㅜ ㅠ"로 되었다.

　[이것은 **쉬바 수트라**에서 약간 다루었다.]

　무슨 <우주적인 철학> 같은 것이 그 속에 들어 있다.

　자음(子音)은 <그 소리가 나는 그곳의 모양으로> 글자를 만들었다.

목구멍소리 : ㅇ, ㅎ, ㄱ, ㅋ
입술소리 : ㅁ, ㅂ, ㅍ
혓소리 : ㄴ, ㄷ, ㄹ, ㅌ
잇소리 : ㅅ, ㅈ, ㅊ

한번은 교장선생님이 조회시간에 학생들 앞에서 상장을 주어야 하는데, 문득 틀니를 집에 두고 온 것이 생각났다.

별도리가 없었으므로, <이(齒牙)가 하나도 없는> 교장선생님이 <상장(賞狀)>을 읽기 시작했다.

"당당(賞狀)!"

그래서 옛날 <서슬 퍼런[정직한]> 관아(官衙)에서 <거짓말하는 죄인>에게는 "저 놈 혀를 잘라라!"고 한 것이리라.

[엉뚱한 <언론의 자유>(?)는 그 근원들부터…… 그러나 <혀>만 거짓말에 동원된 것도 아니고, 또 사실, <혀>는 아무런 잘못이 없다는 것을 필자가 변호(辯護)하고 증명(證明)한다!

<구강해부학>을 삼십 년 강의했는데……]

☯

<우리말 사전[국어사전]>에서 배열순서는

모음(母音) 즉 **홀소리**는
" ㆍ, ㅡ, ㅣ, ㅗ, ㅛ, ㅜ, ㅠ, ㅓ, ㅕ, ㅏ, ㅑ "의
순서가 좋을 것 같은데, "ㅏ"가 가장 먼저 나온다.
왜 그런지, 혹 생각해 보았는지……
자음(子音) 즉 **닿소리**는
<소리가 닿아서 나는 곳>의 <성장과 발달 순서>
등을 기준으로 하는 것이 더 과학적일지도……

목구멍소리[후음(喉音), 목청소리],
입술소리[순음(脣音)],
혓소리[설음(舌音)],
잇소리[치음(齒音)]의 차례(次例)로 말이다.

류영모는 한글에서 <"ㆍ"[아래 아]>를 없앤 것을
아주 질타(叱咤)했다.

주시경(周時經)이 "오늘날 <나라의 바탕>을 보존
하기에 가장 중요한, 자기 나라의 <말과 글>을 이
지경을 만들고 도외시한다면…… 이에 우리나라의
<말과 글>을…… 장려(獎勵)하는 것이 시급히 해야
할 일이다."고 한 것은 백번 옳은 말이다.
[그것은 <오늘날>도 여전히 유효(有效)하다!]

54

그러나 그는 " ﹑ "를 없앴다.

우리의 잃어버린 " ﹑ "를 찾아 <한글과 **컴퓨터**>는 <"**한글**" 프로그램>을 만들어 우리에게 새롭게 소개했다.

☯

"**낫 놓고 기역자도 모른다!**"

필자는 서양의 저 『**파우스트**』를 두고도 우리의 "……"(을)를 모른다! [정말이지, 모른다.]

고등학교 때 제2외국어로 배웠던 독일어 시간에 들었던 **파우스트**!

시공(時空)을 넘나드는 그 **스케일**하며, 여주인공 <**그레첸**이 읊은 노래>에 대한 그 선생님의 해설에, 뭔지 모르지만…… 읽고 싶은 마음이 있었다.

그리고 세월은 흘렀고……

"Meine **Ruhe** ist hin……

　마음의 **평안** 사라지고……"

괴테의 그 <**Ruhe**[평안(平安), 안식(安息), 쉼]>에 얽힌 짧은 얘기 하나.

젊은 시절, 그는 산에 올라 <사냥꾼의 오두막>의
판자(板子)에다 다음의 짧은 시(詩)를 썼다고 한다.
<Wanderers Nachtlied[**길손의 밤노래**]>다.

Über allen Gipfeln
Ist **Ruh**'
In allen Wipfeln
Spürest du
Kaum einen **Hauch**.
Die Vögelein **schweigen** im Walde.
Warte nur, balde
Ruhest du auch.

봉우리마다
고요 깃들고
나뭇가지엔
미풍도 없다.

숲속의 새들
깊이 **잠들고**……
기다려라
너도 곧 **잠들리**.

[※ **Ruhe**는 여성명사이고, 미풍의 **Hauch**는 "숨결,

호흡"을, schweigen은 "침묵하다"를 말한다.]

괴테는 죽기 얼마 전 [우연히] 그곳을 찾았고, 그 오두막 판자에서 그 옛날, 자신이 쓴 ─ 빛바래고 희미해진 ─ 이 시를 보았다.

그것을 천천히 읽어 내려가던, 만년(晚年)의 그의 눈에서 눈물이 흘러내렸다.

"그래, 기다려라. 너도 곧 **잠들리**……"

❂

파우스트는 <욥기(記)>의 서두처럼 <천상(天上)의 음모(陰謀)(?)>로 시작한다.

우리 <인간의 운명(運命)>이 마치 그곳에 달린 것처럼 말이다.

[<맞는 설정(設定)>일 수도, 또 <틀린 것>일 수도 있다. 우리가 무엇이냐는 시각(視覺)에 따라서.]

파우스트가 <서양식 교육을 받은 우리>에게 잘 알려진 것이라면, 중국의 장한가(長恨歌)와 우리의 구운몽(九雲夢)은 구태여 읽어야 하는 것이다.

하여튼 이런 작품들은 <의식 세계>만이 아니라, <무의식 세계>까지 즉 <꿈과 상상의 세계>로까지 우리 마음을 넓혀주는 것이어서 좋다.

❤

　구약 성경에 재미있는 선지자 <발람의 이야기>가 있다. 내용은 생략하고…… 단지 그가 타고 가던 **나귀가 <사람의 말>을 했다**는 것이다.

　그래서 <이것은 믿을 수 없다!>, <전능(全能)하신 하나님은 하실 수 있다!>는 그 논쟁은 끝이 없다.

　<교회의 수장(首長)>인 베드로 사도(使徒)께서도 그렇게 말한다

"<말하지 못하는 나귀>가 <사람의 소리>로 말하여 이 선지자의 미친 행동을 저지하였느니라."

"The dumb ass speaking with man's voice forbad the madness of the prophet."[KJV]
"By a donkey - **a beast without speech -
who spoke with a man's voice** and restrained the prophet's madness."[NIV]

　<이런 일>은 저희가
　성경(聖經)도 히니의 신화라는 것을 모르고,
　신화(神話)는 또 <신의 이야기>라는 것을 모르는
　오해(誤解)에서 기인(起因)한 것이다.

왜 <나귀가 말을 했다>고 하면 안 되는가?

어린아이들은 <발람 선지자의 이야기>를 하면 잘 알아듣는다. 그들에게는 아무런 문제가 없다.
어린아이들은 여우와 나무와도 얘기하고……
<어린아이와 같은 사람들>은 홀로 밤하늘 별들의 속삭임도 듣는다.

예수는 말한다.

진실로 너희에게 이르노니
너희가 **돌이켜**
어린아이들과 같이 되지 아니하면
결단코 천국에 들어가지 못하리라

I tell you the truth,
unless you change [변(變)하지 않으면]
and become like little children,
you will **never** enter…….
[※ never : (한번도 …한) 적이 없다.]

성경은 그냥 침묵(沈默)으로 있지만, 그때 사용한 <나귀의 언어>는 무엇이었겠는가?
우리는 왜 그런 식으로 성경을 읽을 수 없는가?

그리고 우리 대부분은

"<나>를 두고도 <나>를 모를지도 모른다."

저 유명한 예수의 화두(話頭) 하나.
[이것은 **비갸냐 바이라바**에서도 언급한 것이다.]

기독교 최고의 사건, <예수의 부활>이 일어났던 날, <**부활**(復活)**이 예수**>는 ㄱ 부활의 새벽 **막달라** 마리아에게 이렇게 말했다.
"나를 만지지 말라!"

그가 <사랑하는 여인>의 열정(熱情)을 말리려고 한 말인가? [영화 <**다빈치 코드**>가 그런 류(類)다. 서양의 주석(註釋) 등은 아직도 질이 떨어진다.]

영어로는
"Touch me not!"
"Do not hold on to me!" [나를 붙들지 말라!] 등이 있다.
[우리말과 영어의 번역(해석) **전부 시원찮다!**]

신약 성서의 원어(原語)인 **헬**라어로는

"Μη μου ἅπτου! [메 무 합투!]"

라틴어로는

"Noli me tangere! [놀리 메 탕제레!]"다.

<합투[ἅπτου]>의 원형 <합토마이[ἅπτομαι]>는 "touch(만지다)"보다는 "**cling(매달리다)**"이다.

"나에게 매달리지 말라."

예수가 말한 "나"를 중심으로, 요약(要約)한다.

(1) 시원찮은 사람들 :
　　그래도 "나" 즉 예수에게 죽으라고 매달립니다.
　　[그들은 그 매달림을 <믿음>이라고 합니다.]

(2) 예수의 말을 믿고 따르려는 사람들 :
　　이제 "나" 즉 예수에게 매달리지 않습니다.

(3) 예수가 말한 <들을[듣는] **귀**> 있는 **사람들** :
　　"나" 즉 에고[ego]에게 매달리지 않습니다.
　　[에고를 "페르소나"라고도 하는데, 이 책에서는
　　<세 번>이나 다룬다.]

참고로, 성경은 막달라 마리아가 <어떻게 하여> 주(主)를 보았는지를 이렇게 증언(證言)한다.

"돌이켜[εστραφη]" "돌이켜[στραφεισα]" 주를 보았다고 말이다.

영어로, "She turned herself back."이다.

즉 <그녀는 그녀 자신을 [뒤로, 역(逆)-방향으로] 돌이켰다>는 뜻이다.

아직도 감(感)을 잡지 못한 사람들을 위해……

카타 우파니샤드는 말한다.

"불멸(不滅)을 맛보고자 <역방향으로 향하는> 즉 [외부가 아닌] <내면(內面)으로 향하는> 눈을 가진 사람은, 내재(內在)한 참나를 본다."

참나는 그리스도, 영성(靈性), 신성(神性)의 다른 이름이다.

[<조용히[입 다물고]> 눈을 감고, 내면을 향(向)해 조금이라도 들어가 본 다음……

내가 어디에서 들었거나 배운 것으로가 아니라,
<바로 나 자신의 직접적(直接的)인 경험과 체험을
가진 후에>……

<필자의 말>의 진위(眞僞)를 평(評)하십시오.

"내 말이 너희 속에 있을 곳이 없다."

예수가 한 말입니다. 필자가 보기에, 그때나 지금
이나 우리에게 달라진 것은 없는 것 같습니다.

요새도 여전(如前)히 **"흙은 여전(如前)히 땅으로
돌아가고……"**입니다.]

"나는 그들이 취(醉)한 것을 보았고,
  목마름이 없는 것을 보았노라.
  내 영혼(靈魂)은
  사람의 아들들이 그 눈이 멀므로 슬펐노라."

3. 우리말과 훈글

참 사람 류영모의 <참>이라는 시를, 박영호님의 도움을 받아, 감상(感想)한다. [약간 고쳐 옮김]

**참 찾아 예는 길에
한 참 두 참 쉬잘 참가**

**참참이 참아 깨새
하늘 끝 참 밝힐거니**

**참 든 맘
참 빈 한 아 참
사뭇 찬 참 찾으리**

삶이란 **참**[진리(眞理)]되시는 하느님을 **찾아** 나아가는 도정(道程)이다. 그러나 그 **길**이 멀어 <잠시 머무를 야영 **캠프**를 친 것>이 가정(家庭)이라는 것이다. 그 가정이 **참**(站)이다. 역참(驛站)이다.

그런데 그 가정에 붙잡혀서 **한 참 두 참 쉬기만 하고** 하느님[**참**]께로 나아가는 인생 본래의 목적을 잊어버리고 있을 **참인가.**

한 참 쉬었으면 이제 가정이라는 캠프를 거두고 더 나아가야 한다. 힘들고 어려운 고비마다 **참참이 참고** 견디면서 하느님 아버지의 존재를 깨달아야 한다.

생멸(生滅)하는 모든 상대적 존재계[대상(對象)]를 끝까지 **깨뜨리면 하늘 끝이 밝혀진다.**

아직 <알아야 할 [외부의] 대상>이 남아 있는 한, 하느님 아버지의 모습은 볼 수가 없다. 상대성의 세계를 **다 깨뜨리고 나면** 내 맘[마음] 눈에 그늘 지우던 것이 다 없어진다.

그러면 **참으로** 무(無)요 공(空)[<텅 빈 것>]이신 하느님[**한**] 아버지께서 내 **맘**속에 들어오신다. **참 든 맘**이 된다. 이것을 <알아채는 것>을 <진리 파지(眞理把持)[사탸-그라하]>라고 하고, 성경은 마음이 청결한 자는 복이 있나니, 저희가 하나님을 볼 것임이요라고 한다.

하느님은 **제나**[에고]의 자리에서 보면 **빈탕**[<텅 빈 것>]이지만, **얼나**[영아(靈我)]로 **솟난** 자리에서 보면 충만(充滿)이다. **아 참으로 참이다.**

<아주 딴 판으로[**사뭇**] 이 우주(宇宙)에 가득 **찬**> 하느님[**참**]을 – <마음에 사무치도록 아주[**사뭇**]>, <줄곧[**사뭇**]> – **찾아야 한다.**

오로지 <한글 45자(字)>로 이런 시(詩)를 만들어 내다니 놀라울 따름이다.

그리고 <우리말>과 <한글>은 너무나 아름답다.

영어에 **궁서체**가 있겠는가? 한자(漢字)에 **양재본 목각체**가 있겠는가? 또 이 <함초롬바탕체>는?

우리 **훈글**이 이 수많은 글씨체를 창조해낸 젊은 예술가들에게 경의(敬意)와 감사(感謝)를……

출판되는 책들의 상당수는 <그런 것>을 잘 활용하지 못하는 것 같아 안타깝다.

좋고 예쁜 글씨체의 이 아름다운 한글이 점점 더 많이 세상으로 퍼져나가기를……

이런 <한글>과 <우리말>을 두고, 굳이……

(1) 조금 아는 사람들 :
　우리말을 아껴서, 잘 쓰지 않습니다.

(2) 많이 아는 사람들 :
　우리말을 아껴서, 잘 씁니다.

(3) 뭔가 아는 사람들 :
   우리말로 <말할 수 없는 그 무엇>을
   드러냅니다.

그리고 또

(1) 조금 아는 사람들 :
   자신이 알고 있는 그 말[의 뜻]이 전부라고
   생각합니다. [**잘 알아듣지 못합니다.**]

(2) 많이 아는 사람들 :
   다른 뜻도 있을 것이라고
   생각합니다. [잘 알아듣지 못함을 **압니다.**]

(3) 뭔가 아는 사람들 :
   <어떤 말>에도
   두 손 모읍니다. ["()()()", 합장(合掌)합니다.]

☯

  필자는 한글날을 10월 9일 하루가 아닌, 한글달
이나 한글주(週)로 할 것을 제안한다. 업무를 쉬는
날은 하루이겠지만, <한글>과 <우리말>을 그만큼
자랑스럽게 여기고 향유(享有)하자는 것이다.

한 민족의 <정신[**얼**] 문화>…… 그것은, 잘 아는 대로, 그 정신을 표현하는 말과 글에서 출발한다.

[<우리말과 훈글> 부분은 작지만 중요한 것 같아 따로 한 제목으로 잡았다.]

    ☯   ☯   ☯

< 1 > 삽화(揷話) 하나. [먼저 <꿈 이야기>.]

필자는 **요한복음**에 있는 "153"의 **게마트리아**가 풀리지 않아 난감(難堪)한 상황이었다.

갖고 있는 개신교의 여러 주석들과 **가톨릭 주석**, 그리고 **카발라**의 책들까지……

우리의 성경 주석자들은, **자신들이 그 단어들을 게마트리아로 풀어보지 않은 것은 확실한 것 같다.**

<외국 주석자들의 말을 그냥 그대로 베껴 쓴 것>으로 보인다. 그들이 말하는 대로 그렇지는 않기 때문이다.

"2014년 8월 17일 일요일 합천에서.

  [게마트리아가 풀리지 않아, 그대로 잤다.]

1. <하얀 나무뿌리>나 <긴 버섯>, <지렁이> 같은 것이었는데, 그것이 땅속에서 머리가 나오더니, 다 나오니까 뿌리 쪽에도 사람 머리가 있었다.

다 나왔을 때는 <뿌리 쪽의 머리>가 뿌리 쪽에서 **접혀** <원래 머리>와 같은 방향이 되었다. 둘 다 **<사람 얼굴의 머리>**였다.

2. 그 과정(過程)을 보는 동안, 만약 내가 중간에 만진다면, 그것은 나오는 도중 다시 들어가 버릴 것 같았다.

그것이 다 나오고 나서, 다시 사라지려는 것을 보고, 나는 놓치면 안 되겠다 싶어, 장화 신은 발로 그것이 다시 못 들어가게 하려고 했다."

그날 필자는 **요한복음** 21장에 나오는 일곱 사람 중 이름이 밝혀진 사람은 그 <**머리**글자>를 따고, 또 일부러 이름을 밝히지 않는 사람들은, <**접혀**> 있었으므로 <밝혀진 것 × 2>를 해보기로 했다.

< 2 > 삽화(揷話) 둘. [<성경 읽기>.]

만약 <**나의 삶**의 신비를 이해하기를 바란다면>, <**나의 존재**의 그 근원을 알기를 원한다면>, 우리는 성경(聖經)을 이해해야 한다.

그러나 "**우리는** 고개를 몇 번 끄덕이고는 **그냥 그대로 지나간다.** 그리고 단 한 번도 우리의 영혼(靈魂)을 가지지 못한다."

저 <눈물의 선지자> 예레미야는 지금 이 시간도 절규(絶叫)한다.

"무릇 <**지나가는 자**>여!

너희에게는 [도무지] 관계가 없는가?"

☙

여호와의 말씀이 또 내게 임(臨)하니라.

"예레미야야! 네가 무엇을 보느냐?"

"내가 **살구나무** 가지를 보나이다."

여호와께서 내게 이르시되

"네가 잘 보았도다. 이는

내가 내 말을 **지켜** 그대로 이루려 함이니라."

☞ 난외주(欄外註) : <**살구나무**[שָׁקֵד, 샤케드]>라는 말과 <**지킨다**[שָׁקַד, 쇼케드]>는 말의 음이 비슷함.

<우리말 성경>에서 개역개정판은 위의 말로 번역했다. 그래서 우리는 속으로 이렇게 읽는다.

"그렇지, 하나님은 <자신이 말씀하신 그대로> 꼭 지켜 이루시는 분이다."

표준새번역과 영어판을 동원하여 읽으면 이렇게 읽을 수도 있다.

주(主)께서 나에게 말씀하셨다.
　"네가 바로 보았다.
　내가 한 말(이 그대로 이루어지는 것)을
　내가 지켜보고 있다[I am watching]."

그게 그거 아니냐고? 속으로 그렇게 생각하시는 분들은 우리 속담에 <"아" 다르고 "어" 다르다>는 말뜻을 다시 살펴볼 일이다.
　개역개정판은 <자신의 말을 지켜 **이룬다**>는 그냥 어떤 **행위를 가리키는 반면**, 표준새번역은 <이루어지는 것을 **지켜본다**>는 **<관찰자(觀察者)라는 어떤 시선(視線)**을 말하고 있다.

　좀 더 깊게 읽는다면,
　환상(幻像)[꿈] 중에 <샤케드[살구나무]>를 보는 예레미야에게 하나님은 <쇼케드[지켜보다]>라는 음(音)이 비슷한 말로 <말장난[언어유희(言語遊戲)]>을 하고 있다.
　그리고 <농담(弄談) 속에 진담(眞談)이 있다>고, 그 말이 강조점이다. 그것이 **포인트**다! 요점(要點)이다! [<**포인트**>는 이런 데서 쌓아야 한다.]

"예레미야야, 네가 <샤케드[살구나무]>를 **본다**고?
그럼 나[여호와]는 **내 말**을 <쇼케드[지켜본다]>."

<내 말을 지켜본다>는 것이 무슨 의미인가?
말은 무엇이고, **<지켜보는 그 무엇>**은 무엇인가?

<말>은 우리 마음의 <생각>을 구성하는 것이다.
그리고 <생각>이 우리가 흔히 <마음>이라고 하는
것이다.

그러면 **<지켜보는 그 무엇>**은 무엇인가?

한번 해보라!
눈을 감고, 나의 **몸과 마음을 보라.**
나는 <몸>을 알아챌 수 있다. 그러면 <몸을 알아
챌 수 있는 그것>은 몸과는 분리된다. **몸은** 이제
인식(認識)의 **대상이 되고, 나는 주체가 된다.**
[몸을 지켜보는 것은 쉽다. 그것도 어렵다면……]

그리고 또 나는 <나의 마음>도 알아챌 수 있다.
만약 어떤 생각이 움직이고 있다면, 나는 그것을
지켜볼 수 있다. 나의 주의를 그 생각에 집중하고
거기서 움직이지 않도록 할 수도 있고, 아니면 그
<생각의 흐름>을 허용할 수도 있다.

그러면 그때, <그런 것을 알아채고 있는 그것>은
또 분리된다. 즉 **마음은 대상이 되고,** "**나**"는 그런
것을 지켜보고 있다.

나 자신으로부터 분리할 수 없는 유일한 것은 그
<지켜보는 에너지>다. 그 <**지켜보는 것**>, 그것이
바로 <**나**>이고 **의식**(意識)이다. 그러므로 <분리가
불가능하게 되는 지점>에 이르지 않았다면, 우리는
<진정한 나 자신>에게, 즉 **참나**에는 이르지 못한
것이다.

다시 한 번 더 말한다. **참나**를 성경은 **여호와**,
그리스도, 성령(聖靈) 등으로 부른다.

그리고……

우리는 여호와 즉 **존재**(存在), Being, <있는 **이
무엇**> 등 <그런 무엇>을 어느 순간이라도 **느낄 수
있다.**
바로 지금 [나의 마음] 속에서 무언가를 말하려고
구상(構想)하고[생각하고] 있는 **이 무엇** 말이다.

그러나 <생각하고 있는 **이 무엇**[주체(主體)]>은
결코 그 생각[대상(對象)] 속에 담겨질 수 없다.

< 3 > 삽화(揷話) 셋. [한시(漢詩) 둘]

　성우(惺牛) - <슬기로운 소 혹은 깨달은 소> -
경허(鏡虛) 선사의 오도송(悟道頌).

忽聞人語無鼻孔(홀문인어무비공)
頓覺三千是我家(돈각삼천시아가)
六月燕巖山下路(유월연암산하로)
野人無事太平歌(야인무사태평가)

소가 콧구멍이 없다는 소리에
삼라만상이 내 집임을 알았네.
유월 모일 연암산 아랫길에서
어느 야인이 태평가 부르노라.

　월면(月面) 만공(滿空)이 스승 성우 경허 선사께
바친 글이라고 한다.

鏡虛本無鏡(경허본무경)
惺牛曾非牛(성우증비우)
非無處處路(비무처처로)
活眼酒與色(활안주여색)

거울은 비어 달리 거울이 없고
깨달은 소도 본디 소가 아니라.
머무를 곳도 없고 길도 없으니
걸림 없는 눈 술과 색이 흥겹소.

< 4 > 삽화(揷話) 넷. [<우리 선화(禪話)>다.]

어느 해 하안거(夏安居)에 <혜월(慧月) 선사>가 있는 곳에 <고봉(古峰) 경욱(景昱) 선사>가 갔다.

30여 명 대중(大衆)이 아침저녁으로 **참선(參禪)**을 하고, 낮이면 들에 나가 일을 하였다. 일이 고되어 저녁이면 몹시 지치는데, 가난한 절간에 먹을 것이라곤 거의 없었다.

어느 날, 혜월 선사가 며칠간 바깥일을 보려고 길을 떠났다. 그러자 고봉 선사가 승려들에게 절의 소를 팔자고 했다.

그 소를 팔면 들일은 잘 할 수 없지만, 그 대신 좋은 음식과 술을 실컷 마실 수 있다고……

소 판 날 저녁, 그들은 참선 대신에 큰 잔치를 벌였다. 먹고 마시고 노래를 불렀고, 다음날은 아침까지 늦도록 실컷 잤다.

마침 그날 아침 혜월 선사가 돌아왔을 때, 예불(禮佛) 소리는 어디에도 들리지 않고, 외양간에는 소가 없었다.

선사가 방문을 열어보니, 음식과 술 냄새가 코를 찌르고 모두들 코를 골며 자고 있었다. 일을 알아차린 선사가 화가 나서 소리를 질렀다.

"일어나라, 이놈들아!"

혜월 선사가 불상(佛像) 쪽으로 걸어가며, 승려 하나하나를 훑어보는데, 그 눈이 사자의 눈 같았다.

"어느 놈이 내 소를 가져갔느냐?"

모두들 움츠리며, 말없이 한 사람만 바라보았다.

"내 소 어디 있어?"

혜월 선사의 호통에, 우두커니 앉아 있던 고봉 선사가 갑자기 옷을 벗고 엎드리더니 "음매, 음매!" 하면서 혜월 선사 앞으로 기어갔다.

혜월 선사는 웃으며 고봉 선사의 볼기를 치면서 **"내 소는 더 크지, 이렇게 작지 않아."** 하면서 또 때렸다.

그러자 고봉 선사는 일어나 자기 방으로 가고, 그 뒤로 소 이야기는 다시없었다고 한다.

제 3 장

힘(力) Ⅰ - 우유와 "Milky Way"

1. 미토콘드리아와 "E = mc²"
2. 지성(知性) - "아니지, 아니야."
3. "Milky Way"

화두(話頭) 셋.

우리는 어릴 적 수학(數學)에서 이렇게 배웠다.

1. <나뉘는 수>를 피제수(被除數), 피제수를 A라고 하면, "A ÷ 0 = 불능(不能)"이다. 왜 그런가?

2. 모든 실수(實數) r에 대해, "$-\infty < r < +\infty$"가 성립한다. ∞는 무한대[infinity]다.
   그러면 모든 허수(虛數) "i"에 대해서는?

3. 이 <영(零)["0"]>과 <무한대(無限大)["∞"]>라는 것은 도대체 무엇인가? 또 허수["i"]는?

반규(盤珪) 선사가 설법을 할 때면, 선문(禪門)의 제자들뿐만 아니라, 다른 종파의 사람들도 모였다.

그는 경전을 인용하는 일도 없었고, <교리적인 것>을 말하는 법도 없었다. 그가 하는 이야기들은 그냥 **가슴에서** 우러나와 듣는 이들의 **가슴에** 호소하였다. [이게 **이심전심**(*以心傳心*)이다.]

반규 선사의 설법에 많은 사람이 모여드는 것을 보고, 다른 종파의 한 승려는 화가 났다. 그 종파의 신도들도 선사의 이야기를 들으려고 자기를 떠났기 때문이었다. 시기심으로 불타던 그 승려는 선사와 논쟁을 하려고 그곳을 찾았다.

그는 큰 소리로 선사를 불렀다.

"이보시오 선사! 스님을 존경하는 사람은 누구나 스님의 말을 따르지요. 그러나 <나 같은 승려>는 스님을 존경하지 않습니다. 나 같은 사람도 스님의 말을 따르도록 할 수 있겠소?"

선사가 대답했다.

"예. 여기 앞으로, 제 옆 자리로 올라오시지요.

그러면 **<직접(直接)> 보여**드리겠습니다."

그는 기세가 등등하여 사람들을 헤집고 앞으로 나갔다.
선사는 미소를 지으며, 이렇게 말했다.
"제 왼쪽으로 오시지요."

그 승려는 왼쪽으로 갔다.
그러자 선사가 다시 말했다.
"아, 스님이 제 오른쪽에 앉으시면 얘기하기가 더 좋겠습니다."

그는 의기양양하여 다시 오른쪽으로 갔다.

선사는 그 광경을 지켜보다가 이렇게 말했다.
"보십시오. 스님도 지금 저의 말을 따르고 있지 않습니까? 소승은 스님이 아주 겸손하신 분이라고 생각합니다. 이제 앉으셨으니, 들어보시지요."

☯

또 언젠가는 설법을 하고 있는데, 어떤 승려가

찾아와 소란을 피우는 바람에 이야기를 중단하고 그에게 무슨 일인지 물었다.

그 승려의 종파는 <관세음보살, 나무아미타불!>만 외워도 구원을 받을 수 있다고 가르치고 있었는데, 선사에게 많은 사람이 몰려가는 것을 도저히 참을 수 없었던 것이다. 그가 말했다.

"우리 종단의 창시자 스님은 기적(奇蹟)을 행하는 능력이 있으셨소. 신도들이 강 건너편에서 종이를 들고 서 있으면, 창시자 스님은 이쪽에서 붓으로 그 종이에 글을 쓰셨소. 당신도 그런 기적을 행할 수 있겠소?"

선사(禪師)는 가볍게 대답했다.
"당신의 그 교활한 사람은 아마도 그런 속임수를 보여줄 수 있었을 것이오.
하지만 그런 것은 <선(禪)의 바른 길>이 아니오. 내가 행하는 [참] 기적은 <배가 고프면 먹고, 목이 마르면 마시는 것>이오."

선사(禪師)는 <**진리의 스승**>을 말한다.
그 명칭을 함부로 사용하지 마시길……

1. 미토콘드리아와 "E = mc²"

포유류(哺乳類)인 인간은 태어나면 <본능적으로> 엄마의 젖꼭지를 찾는다. 내 <생명의 젖줄>을 찾아서다.

[인류 문명의 발상지(發祥地)도, 또 성경의 에덴동산도 <생명의 젖줄>이 흐르는 곳이다.

그래서 저 <젖과 꿀이 흐르는 땅>은 우리에게 늘 <가나안 복지(福地)>로 남는다.]

젖은 우리의 생명(生命)이었다.

그 젖을 빨기 위하여 신생아는 온 힘을 다한다. <젖 먹던 힘>을 다한다. [아니, <젖 먹을 힘>(?)을 다한다.] 가만히 보면 얼굴에 땀이 송골송골하다. 특히 유선(乳腺)이 잘 발달하지 못한 경우에는……

우유와 밥 같은 음식(飮食)은 어떤 과정을 밟아 나에게 생명력을 주는가?

중고등학교 때 배운 생물책 수준으로, 복습 삼아 그것을 조금 살펴보자.

잘 알다시피, 우리 몸은 세포(細胞)[cell]로 이루어져 있다.

세포가 모여 조직(組織)[tissue]을 이루고, 조직이 얽혀 기관(器官)[organ]을 만들고, 특정한 기능을 하는 기관들이 모인 것을 계(系)[system]라고 한다.

예를 들어, 호흡계(呼吸系)는 코(鼻), 후두(喉頭), 기관지(氣管支), 폐(肺) 등의 기관이 모여 <숨 쉬는 기능>을 한다.

[이런 것을 읽어야 하다니! 한숨이 나올 것이다. 그 한숨이 나오(게 하)는 것들이 호흡계다.]

그 계가 모여서 <인체(人體)[human body]>가 된다.

그러므로 **(1) 인체**는 다음 순서로 해부(解剖)[하며 공부]할 수 있다.

(2) 계통 → (3) 기관 → (4) 조직 → (5) 세포

그런데, 필자는 지금도 여전히 궁금하다. <아직도 인류가 풀지 못하고 있는 **미스테리**>인 것만 같다.

"도대체 **어디까지가 <나>인가?**" 하는 것 말이다. 어디까지를 <나>라고 해야 하는가?

(4) **조직**과 (5) **세포**, 즉 <머리털과 손톱을 깎아 버리는 것>은 확실히 내가 아닌 것 같다.

(3) **기관**도, 그 기능의 경중(輕重)에 따라 다소간 다르겠지만, 어느 정도는 그 결정이 가능하다.

예를 들어, 이(齒牙)를 뽑아버리는 것이나 콩팥 하나를 다른 누군가에게 이식(移植)할 때, 그것은 <나>를 버리거나 <내>가 떨어져 나가 저 사람에게 내가 있다고 생각하기 어렵다.

(2)의 **계(系)** 혹은 **시스템**이 고장 나거나 그것을 몽땅 들어낸다면, 이제 혼란이 시작된다.

예를 들어, 생식계(生殖系)를, 자궁(子宮)을 몽땅 들어내도 <내>가 죽지는 않는다.

그러나 신경계, 특히나 호흡 등을 담당하는 중추 신경계가 마비된다면, <나>는 죽는다고 생각한다. 그러면 나는 <호흡 중추>인가?

그러나 <인공호흡기>로 호흡을 계속하게 된다면? 그러면 인공호흡기가 <나>인가?

<이것이 바로 진짜 나>라고 할 만한 것이 도대체 무엇인가?

뇌? 대뇌? 전두엽? 후두엽? 신경세포의 **시냅스**? 신경전달물질?

내가 먹은 우유와 식물(食物)은 소화계인 입으로 들어가, 식도(食道)를 지나고 위장(胃腸)을 지나면서 흡수된다.

그리고 <화학 성분(化學成分)>의 수준(水準)에서 움직이게 된다. - 탄수화물, 지방, 단백질 등으로 말이다.

탄수화물[CHO]은 탄소[C]와 수소[H], 산소[O]로 이루어져 있다. 또 단백질에는 질소[N]가……

수소(水素)는 <멘델레예프의 원소주기율표>에서 배운 것처럼, 가장 간단한 원소다.

[수헤리베…… 즉 수소, **헬륨**, **리튬**, **베릴륨**으로 진행되는 것 말이다.

잠깐! 혹시 <멘델레예프의 원소주기율표>는 그가 꿈속에서 본 것을 <거의 그대로 베꼈다>는 사실을 아는가?

<꿈 공부>하는 이들에게는 아주 유명한 이야기다. <이순신 장군의 거북선>과 더불어 말이다.]

이 수소가 무언가를 한다고 하는데……
여기의 수소는 **수소** 즉 모우(牡牛)가 아니다.

미토콘드리아의 막(膜)에서 <자유(自由) 라디칼 [radical, 기(基)]>로 어떤 중요한 역할을 한다는 것 이다.

세포(細胞)의 막(膜)처럼, 미토콘드리아의 막(膜) 말이다. 어떤 것이든 경계(境界)가 문제다. 경계를 경계(警戒)해야……

하여튼, 우리가 아주 어릴 때의 밥이었던 우유와 또 지금 중년과 노년들이 아이들 때문에 한 조각 얻어먹은 피자[pizza]는 분해되고 용해되어……

그것들은 나의 에너지가 되기 위해, "광부(鑛夫) 들의 <막장>"으로 들어간다.

미토콘드리아[mitochondria]!

우리의 <마지막(?) 호흡(呼吸)>인 <세포 호흡>에 관여한다고 하며, <에너지를 생산하는 공장>이다.

그리스어로 "미토"는 <실(絲)>을, "콘드리아"는 <입자(粒子)>를 의미한다고 한다.

[참 묘(妙)한 이름이다. 물질의 본질을 탐구하는, 현대 물리학의 최신 이론인 <초(超)-끈(絲) 이론>의 그 이름을 연상하게 한다.]

한 개의 세포에 들어 있는 **미토콘드리아**의 수는 세포의 에너지 사용과 관계되는데, 호흡이 활발한 세포일수록 많다고 한다. 간(肝) 세포에는 1,000~3,000 개가 있으며, 인체에는 1 경(京)이……

잘 아는 대로, **미토콘드리아**의 가장 중요한 일은 **<몸속으로 들어온 음식물로 에너지원(源)인 ATP를 만드는 것>**이다.

근육세포가 늘어나면 더욱 많은 **미토콘드리아**가 생기고, 그 결과 더 많은 에너지가 생긴다. 그러나 운동[요가]을 꾸준히 하지 않으면, **미토콘드리아**의 수는 줄어들고 에너지도 당연히 줄어든다.

생물학자들은 **미토콘드리아**가 이중막과 독자적인 DNA를 갖고 있기 때문에, 독립된 세균으로 본다. **그 옛날에는 <독자적(獨自的)인 생물(生物)>이었을 가능성이 높다는 것이다.**

그것이 어느 날 우리 세포 속으로 들어와……

<진핵 세포(眞核細胞)>를 특징짓는 <세포 내(內) 호흡>을 담당하며, <에너지를 생성하는 생명체>로, "박테리아에서 인간으로, 진화의 <숨은 지배자>"인

미토콘드리아……

　<에너지 생산의 내면화(?)>는 진핵생물의 진화를 가능하게 했다. 진핵생물은 두 미생물의 불공평한 경쟁을 통해 등장했다. 그리고 약자에게 그 승리를 안겨준 자연의 조화는 정말 놀랍다. **온유(溫柔)한 자**가 땅을 차지했으니 말이다.

　그리고 **미토콘드리아**는 <기능이 상실된 세포>를 파괴(破壞)하는 역할도 한다. 이것을 "**아포토시스**" 라고 하는데…… <죽음과 파괴의 신(神)> **쉬바**와 같다. 이는 이미 <기능이 상실된 세포>가 암세포나 다른 세포로 되는 것을 막는다.

　필자에게 **미토콘드리아**는, <**힘(力)**의 상징>이고 <**쉬바**와 한 몸>인, 내 몸의 힘 즉 **샥티**를 생각나게 한다. 그 **힘(力)**[기운(氣運), 에너지]이 진(盡)하면 우리 모두는……

　　나이 많아 기운(氣運)이 진(盡)하여 죽어
　　자기(自己) 열조(列祖)에게로 돌아갔더라

☯　　　　　☯　　　　　☯

이제 우리는 분자에서 원자(原子), 전자(電子)로, 미립자로 시선(視線)을 옮겨보자.

☯

空手把鋤頭(공수파서두)	빈손에 호미 있고
步行騎水牛(보행기수우)	걷지만 소를 탔다
人從橋上過(인종교상과)	다리 위를 가는데
橋流水不流(교류수불류)	흐르는 건 다리라

만약 우리의 [현재의] **생각이 완전히 멈춘다면 – 생각을 다르게 한다면**, 고정관념(固定觀念)을 없앤다면 - 그러면 어떤 것도 가능하다.

"물은 흐르고 있고, 다리(橋)는 정지해 있다."고 하는 것은 하나의 <고정된 생각>일 뿐이다.

우리가 KTX를 타고 간다. 창밖을 보면, 나무들이 지나간다. 기차가 아주 조용하고 편안하여, 기차가 달리고 있는지를 느끼지 못한다면, 나무들이 움직이고 있다. 기차가 아니다.

두 기차가 똑같은 속도로 나란히 달리고 있고, 우리가 한 기차에서 다른 기차를 본다면 그 기차가 움직이고 있는 것을 느낄 수 없을 것이다.

그리고 다른 기차가 우리가 탄 기차의 반대 방향으로 똑같은 속도로 달리고 있다면, 우리의 속도는 그 두 배가 된다.

우리는 더 빨리 달리지 않았다. 그렇지만 반대 방향으로 가는 기차가 우리에게 두 배의 속도감을 준다.

속도(速度)가 상대적이면…… "물은 흐르고 있고, 다리는 정지해 있다."는 생각은 고정관념일 뿐이다. 물은, 내가 다리를 <정지된 것>으로 여기기 때문에, <흐르고 있는 것>이다.

그 다리 또한 흐르고 있다. 깊이 들어가면, 세상에는 정지해 있는 것이란 아무것도 없다.

물질(物質)을 이루는 원자(原子)도 움직이고 있고, 전자(電子)도 움직이고 있다. 그 다리를 구성하는 물질은 그 내부에서 끊임없이 움직이고 있다. 모든 것은 흐르고 있다. <판타 레이> 말이다.

과학자들은 <정지된 것>으로 보이는 저 벽(壁)도 사실은 <정지되어 있지 않다>고 한다.

거기에는 <엄청나게 빠른 움직임>이 있다. 모든 전자가 달리고 있다. 그러나 그 움직임이 너무나 빠르기 때문에 우리는 그것을 볼 수 없다. 그것이 우리가 그것을 정지된 것으로 보는 이유다.

만약 선풍기가 엄청나게 빠른 속도로 돌아가면, 우리는 그 날개나 그 사이의 공간을 볼 수 없고, <정지해 있는 하나의 둥근 판(版)>만 볼 것이다.

그것은 <움직이는 것>이 아닌, <정지된 것>으로 보일 것이다.

人從橋上過(인종교상과)　　다리 위를 가는데
橋流水不流(교류수불류)　　흐르는 건 다리라

<[고정관념의] 마음>이 용해된 사람은……

그는 다리가 흐르고 있는 것을 본다. - 그리고 그 움직임은 너무나 빨라서, 강물의 흐름은 그것에 비해서는 단지 정지해 있는 것으로 보인다.

<상대성 이론>을 알기 쉽게 설명해 달라는 말에, 아인슈타인은 이렇게 대답했다고 한다.

"<아리따운 여인>과 함께 있으면 한 시간이 일 분처럼 느껴지지만, <뜨거운 난로> 위의 일 분은 한 시간보다 더 긴 것과 같다."

일석(一石)[Ein-stein] 씨는 아마도, <일일여삼추(一日如三秋)>라는 고사성어도, **<주(主)께는 하루가 천 년 같고, 천 년이 하루 같다>는 이 한 가지를 잊지 말라**는 성경말씀도 몰랐던 것은 아닌지……

아인슈타인의 뇌(腦)는 아직도 보관하고 있다고 한다. 그리고 잘 살펴보니, **좌우(左右) 뇌가 골고루 발달되어 있다**고……

문득, <일석(一石)[**한 돌**]> 씨가 좋아진다. 필자는 **돌**과는 무슨 인연이 있는 듯……

한때는 <**산 돌**[living stone] 교회>를 만들었고, 지금은 **바우**로 지내고 있다.

<상대성 이론>, 그것은 **<시간과 공간은 절대적인 것이 아니고, 입장(立場)에 따라 바뀔 수 있다>**는 것이 골자(骨子)다.

그러나 우리는 아직도 <시간과 공간은 전 우주에 걸쳐 하나뿐이며, 모든 존재는 같은 우주 공간에 있고, 같은 우주 공간에서 일어나는 모든 사건에는 같은 시간이 적용된다>고 여긴다. 그리고 그것이 우리의 일상생활(日常生活)이다.

잘 아는 대로, <내가 달린 거리>를 <시간(時間)>으로 나눈 것이 <속도(速度)>다.

우리는 속도를 바꾼다. <고속 도로>나 탁 트인 국도에서 순간적인 과속(過速)은 흔한 일이다.

그런데 [과속할 일이 없는] **<빛의 속도>는 일정하다니, 시간(時間)과 거리[공간(空間)]가 줄어들든 늘어날 수밖에……**

그리고 또 <빛은 중력(重力)에 의해 휘어진다>는 것이다. 빛이 휘어지는 것은 공간(空間), 즉 하늘이 휘어져 있기 때문이라고 한다.

하늘은 두루마리가 말리는 것 같이 떠나가고
The sky receded like a scroll, rolling up

중력(重力)은 시간(時間)에도 영향을 준다고 한다. 중력에 의해 시간은 천천히 흐른다.

빛을 삼켜버릴 정도로 그 중력이 강한 <블랙 홀> 근방에서는, 시간은 거의 정지해버린다고 한다.

아인슈타인은 이렇게 말했다.

"이제 우리는 **<공간(空間)>이라는 모호한 용어를 피해야 하며**, 그것으로부터는 어떤 사소한 개념도 구성할 수 없음을 알아야 한다."

그래서 이제는 "시공간(時空間)"이라는 더 나은 개념이 등장한 것인지도 모르겠다.

칸트가 <시간과 공간>을 <선험적(先驗的)인 것>으로 파악하여, **실재**(實在)를 아는 일에서는 아무 소용이 없음을 말했다면,

아인슈타인은 <시간과 공간>을, <절대적인 것>이 아닌, <상대적(相對的)인 것>일 뿐이라고 했다.

[잘 아는 대로, <절대적인 것[신(神), 하나님]>은 <시간과 공간>을 벗어난 것이라는 말이다.

그리고 **우리는 <시간과 공간>을 벗어나는 경험을 언제든지 할 수 있다.**]

카시미르 쉐이비즘에서는 <시간과 공간>을, 우리 인간이 신성(神性)을 볼 수 없는, <**마야**의 너울>일 뿐이라고 한다.

그리고 선진(先進)들은 <우리가 이미 **소**를 타고 있다>고 묘(妙)한 말을 한다.

☯

"무엇이 **붓다**[**진리** 혹은 **실재**]입니까?"라고 묻자, <향기 나는 골짝>의 향곡(香谷) 선사가 답했다.

"**<바위**[바우] **속에 있는 불타는 얼굴>**이다."

2. 지성(知性) - "아니지, 아니야."

지성(知性), 지능(知能)은 오늘날 우리가 누리는 이런 문명(文明)을 만들었다. [필자는 그것을 그냥 <우리 좌뇌(左腦)의 산물>이라고 부른다.]

우리가 어떤 사물(事物)을 살펴보고 알아보려면, 우리는 그것을 <어디까지 또 어떻게 살필 것인지>, 범위와 방법을 한정해야[만] 한다.

그러므로 우리의 지성 혹은 <마음>, <생각하는 일>은 사물을 그저 자르고 조각내는 일만 한다.

그러면 그것은 <생명>을 죽이는 일, <신(神)>을 죽이는 일이 된다. 실제로 <생명(生命)>과 <신>은 <전체(全體)>다. <하나>다. <부분>이 아니다.

<인간(人間)[생명, 전체]>을 <몸>과 <마음>으로 나누더니, 그것을 잘게, 더 잘게 나누고 나누었던 것이 <지성(知性)의 과학>이었다.

<몸의 과학>과 <마음의 과학>은 신(神)[전체]이 없다고 한다.

과학(科學)은 비칼파의 영역(領域)이고,

신(神)은 니르비칼파의 영역(領域)이다.

칸트도 그렇게 말한 바 있다. [이것은 전에 쉬바수트라에서 다루었다.]

다른 말로, 우리는 이렇게 말할 수도 있다.

<왼쪽의 뇌[좌뇌(左腦)]>는 언어적(言語的)이다.
우리는 <말 즉 생각을 해서>
논리적이고, 분석적이고, 지성적이고, 부분적이고,
능동적[인위적(人爲的)]인 일을 한다.

<오른쪽의 뇌[우뇌(右腦)]>는 비(非)-언어적이다.
우리는 <말 즉 생각을 하지 않을 때>
직관적이고, 통합적이고, 감성적이고, 전체적이고,
수동적[자연적(自然的)]인 일을 한다.

"Milky Way!" 은하수(銀河水)!

<우주(宇宙)>를 대할 때, <전체(全體)>를 대할 때
<신(神)>에게로 가는 그 길을 갈 때, 그때
우리의 지성(知性)과 이성(理性)이라는 것은
<우유(牛乳)처럼 뿌옇게 흐려지는 것>을
볼 수밖에 없다.

그것이 은하수다. 여기서 "Milky Way"는 우선
그런 것을 말한다.

물리학(物理學)이 <물질적인 것>을 취급한다면
수학(數學)은 <보다 심리적인 것>을 다룬다.

<물질의 세계>에서 <정신의 세계>로 나의 관심과
시각(視角)이 옮겨가는 것이 수학이다.

혹 <소수(素數)[Prime number]>라는 것을 아직
기억하는가?
"1과 자기 자신만으로 나누어떨어지는 1보다 큰
양(陽)의 정수(整數)"말이다.
"2, 3, 5, 7, 11, ……"

자연수에서 시작하여 "0"과 음(陰)의 정수, 소수,
유리수와 무리수, 실수(實數)와 허수(虛數)……

허수는 말 그대로 <가상(假想)의 수>, <상상의
수>다.
" $i = \sqrt{-1}$ "아니면 " $i^2 = -1$ "가 되는 것
말이다.

실수(實數) "a"에 허수(虛數)부분 "b i "를 더한
것이 복소수(複素數)이고,

복소수 "a + b i"에 대하여 복소수 "a - b i"를 <켤레복소수>라고 하며⋯⋯

이런 것으로 양자 물리학과 『양자 심리학』에서는 <이제까지 설명할 수 없었던 많은 것>을 설명하고 있다.
이것을 사용하면 <시간과 공간의 구분>은 아주 간단하게 사라진다.

누군가는 "**우주는 - 우리가 아는 우주든, 모르는 우주든 - <수학(數學)이라는 언어>로 설명할 수가 있다.**"고 했다.

☯

여기서는 수(數) 즉 **<상징(象徵)으로서의 수(數)>, 그 <수(數)의 신비(神秘)>를 약간[만] 다룬다.**
만물(萬物)의 근원(根源)을 수(數)로 보았다는 저 **피타고라스**의 후예(後裔)가 아니라면 말이다.
[그리고 이것은 저 먼 어딘가의 이야기가 아니다. 이 책의 모든 것은 <나 자신>, <나의 내면(생활)>에 관한 그 무엇을 말하고 있다.]

먼저, 천부경(天符經)을 보자.

一始無始一(일시무시일)
析三極無盡本(석삼극무진본)
　……
一終無終一(일종무종일)

어떤 처음이 [<그 무엇>의] 시작은 아니로라
셋으로 갈라 보더라도 그 바탕은 변함없는 것
　……
어떤 마지막도 [<그 무엇>의] 끝이 아니로라

　필자는 솔직히 위의 16자의 해석만 하고 싶다. <해몽 사전> 류(類)의 풀이가 두렵기 때문이다.
　천부경의 말대로, "萬往萬來用變(만왕만래용변)" 즉 <모든 것[만물(萬物), 우주(宇宙), 시간과 공간]이 오가면서 변(變)하[여 쓰이]는 것>이기 때문이다.

　잘 아는 대로, 우리가 잘 아는 『주역(周易)』 혹은 『역경(易經)』을 영어로는 "The Book of Changes" 라고 한다. <변화(變化)에 관한 책> 혹은 <만물유전(萬物流轉)의 책>, <제행무상(諸行無常)의 책>……

　천부경은 일(一)에서 십(十)까지의 숫자(數字)로써 <우주의 변화(變化)>와 <**그 무엇**의 불변(不變)>을 말하고 있다.

카발라의 세피로트가 <케텔에서 말쿠트까지>의 열 개로 되어 있으므로, 그것과 비교하며 공부하는 것은 유익(有益)하고 재미있을 것이다.

카발라에서는 게마트리아를 빼놓을 수가 없다. 정확하게는 **노타리콘**, 테무라까지다. 우리는 그냥 게마트리아라고 하자.

[게마트리아 역시 너무 천착(穿鑿)하지 말 것을 권한다.]

신약 성경의 게마트리아 하나.

아브라함의 이야기에서 다룰 구약 성경의 예(例) "318"은 그냥 단순한 게마트리아다. 그냥 [문자의] 숫자값을 더하면 된다.

그러나 지금 다룰 신약 성경의 "153"은 <약간의 변형(變形)을 거쳐야> 한다.

그만큼 성경은 <자신의 비밀>을 잘 노출시키지 않는 면도 있다는 정도로 하자.

<공교(公敎)>와 <비교(秘敎)>라는…… 뭐, 그런 것 말이다.

지금까지 **교회에서 듣는 설교나 주석 같은 것에 익숙한 분들로서는 <이런 것을 받아들인다는 것>이 그렇게 쉽지 않을 것이다.** [모나미 볼펜의 번호가 여기서 왔다는 불확실한 말이 전부인 것 같다.]

"시몬 베드로가 그물을 육지에 끌어 올리니
  가득히 찬 <큰 물고기가 **백 쉰 세 마리**>라
  이같이 많으나 그물이 찢어지지 아니하였더라."

"Simon Peter drew the net to land full of great fishes, **an hundred and fifty and three**: and for all there were so many, yet was not the net broken.

얼핏 보아도, [후대(後代)의 누군가가] 가필(加筆)한 것이 분명한 **요한복음** 21장에는 이런 아름다운 이야기가 있다.

베드로를 비롯한 <**일곱 사람**>이 저녁에 고기를 잡으러 갔는데, <**밤이 새도록**> <**아무것도 잡지를 못한 것이다.**>
  [아마도 그들은 저인망(底引網) 어선인지 쌍끌이 어선인지 하는 그런 싹쓸이하는 배는 아직 구입할 형편이 아니었던 모양이다.]

그런데 <**어둠 속의 어떤 존재**>가 멀리서 말했다.
"그물을 배 <**오른 편**>에 던지시오.
 그러면 <잡을 것이외다[**얻으리라**]>."

<오른 편(便)>에 던진다는 말은 성경(聖經)에서는
아주 중요한 말이다. (어떤 주석자가 말하듯) 아무
뜻이 없는 것이 아니다. 그것은 너무나 중요하다.
 [**읽는 자는 깨달을진저**에 해당하는 것이다!]

그 <**어둠 속의 어떤 존재**>는 날이 밝음에 따라
정체가 [<어느 정도로>, 그러니까 <심정적(心情的)
으로만>] 드러난다. <**확실히 하려고**> 서로 묻지도
않았지만, 묵묵부답(黙黙不答) 내지 유구무언(有口
無言)의 어떤 상태……
 아니면 <**꿀 먹은 벙어리의 상태**>였다고 성경은
<**무언가 무척 어렵게**> 그 상황을 묘사한다.
 [이런 것을 알아채야 <성경을 읽는 맛>이……]

하여튼 대표 선수(選手)로 **시몬 베드로**가 나섰다.
베드로는 <**요나의 아들 시몬**>에게 예수가 붙여준
별명(別名)이다.
 [남의 별명을 가지고, 그 <별명의 후계자> 운운
하는 일은…… 그냥 나 자신의 이름이면 충분하지,
뭘 또……]

<요나> 하면 생각나는 사람이 없는가? <[영적인 의미의] 이스라엘 사람>이라면, 또 <성경을 읽는 사람>이라면, 어찌 요나를 모르겠는가!

<큰 물고기 뱃속에 들어가서 사흘 밤낮을 [죽어] 있다가 다시 살아나왔다>는 사람, 그 사람이 바로 선지자(先知者) 요나다.

<요나 이야기>는 성경에서 <상징의 최고봉>이다. 성경은 <상징(象徵)의 보물 창고>다.

[잘 아는 대로, <요나 류(類)의 이야기>는 <신화 공부>에서는 기본이다.

그러나 아직도 이 땅에서는 성도(聖徒)들일수록, <성경이 신화>라고 말하면 <사탄의 자식>으로 째려 보는 것이 현실이다.]

"악하고 음란한 세대가 표적(表蹟)을 구하나
　　<요나의 표적[the sign]> 밖에는
　　보여줄 표적[이적(異蹟)]이 없느니라."

"A wicked and adulterous generation
　seeketh after **a sign**,
　and there shall **no sign** be given unto it,
　but <**the sign** of the prophet Jonas>."

예수는 그 자신의 <신성(神性)을 드러내어 보여줄 방법>은, <요나의 증표(證票)>밖에는 보여줄 것이 없다고 했다.

<요나[יונה, Ιωνας]>는 <비둘기>라는 의미이고, 신약에서는 **성령(聖靈)**의 강력한 상징이다.
<시몬[Σιμων]>은 헬라식 이름이고, 히브리어로는 <시므온[שמעון]>이다 그것이 그의 본명(本名)이다.

그 시몬 베드로를 비롯한 <일곱 사람>……
"7"은 "완전(完全)" 즉 "영성(靈性)"을 의미한다.
그런데 성경은 교묘(巧妙)하게 **그 <일곱 사람>의 이름**을 나열한다.

(1) 시몬 **베드로[Πετρος]>**
(2) <디두모[쌍둥이]>라 하는 **도마[Θωμας]**
(3) 갈릴리 가나 사람 **나**다나엘[Ναθαναηλ]

(4) **세**베대[Ζεβεδαιου]의 아들들
(5) 또 다른 제자 둘(2)

"시몬 베드로가 그물을 육지에 끌어 올리니
가득히 찬 <큰 물고기가 **백 쉰 세 마리**>라.
이같이 많으나 그물이 찢어지지 아니하였더라."

성경이 일부러 "**153**"이라고 기록한 것은, 이것이 <우리 주님의 크신 기적 내지 사랑이어서, 이것을 직접 목격한 사람의 증거로 볼 수 있다>, 등등……

[하여튼 저 **말쟁이**[babbler] <바울의 후예들>은 오늘도 성경을 우상화(偶像化) 내지 절대화(絶對化)하기에 바쁘다.]

그날 밤 시몬 베드로로 대표되는 <**일곱 사람**>이, <**어둠 속의 어떤 존재**>가 가르치는 대로, 그물을 배 <**오른 편**>에 던져, 저 [무의식(無意識)의] 깊은 바다에서 <잡아 올린 것>은 과연 무엇이었겠는가?

그들이 건져 올린 그물에서 "**얻은**" 것은……

그들은 <어둔 바다에서 밤새도록 **분투(奮鬪)하고 씨름했으나**……

이쯤 이야기하면, <**눈 밝은 이들**>은 저 야곱이 어둠 속에서 밤새도록 **씨름**[야벡]**했다**는 저 <얍복 나루터>를 연상(聯想)하여 **보아야 한다**.

"**베드로**[Πετρος]의 첫 글자 Π(80) + **도**마의 Θ(9) + **나**다나엘의 N(50) + **세**베대의 Z(7) × 둘(2) = 153"

세베대의 아들들은 **야고보와 요한**이다. 그리고 그들의 별명은 <보아너게[우레(천둥)의 아들]>였다.

성경 기자(記者)는 그런 것을 몰라서 **그 <일곱 사람>의 이름**을 이렇게 나열한 것이 아니다.

요샛말로 <베도나 세둘> 정도의 암호나 장난일 것이다. 참고로, 곱셈이 덧셈보다 우선한다.

그리고 **<영적(靈的)인 복음서>**라는
요한복음에서 다루는 마지막 이야기는
- 베드로에게 같은 질문을 세 번이나 했다는 -
제 6 장의 <선과 악의 심리학> 부분에서 다룬다.

<세 번의 질문>에 관한 의미는 **쉬바 수트라**에서 언급했다.

☯

혹 "216"이라는 숫자가 중요하다고 말했던 것을 기억하는가?

[적어도 필자에게는 "216"이라는 숫자가 <이번 생(生)에서 중요한(?) 어떤 결정(決定)을 해야 했을 때>, <결정적(決定的)인 역할>을 했다.

그것은 필자에게는 아주 유명한(?) 이야기다.]

ויסע מלאך האלהים ההלך לפני מחנה ישראל וילך
מאחריהם ויסע עמוד הענן מפניהם ויעמד מאחריהם

ויבא בין מחנה מצרים ובין מחנה ישראל ויהי הענן
והחשך ויאר את הלילה ולא קרב זה אל זה כל הלילה

ויט משה את ידו על הים ויולך יהוה את הים ברוח
קדים עזה כל הלילה וישם את הים לחרבה ויבקעו המים

[<신통찮은 사람>, 그냥 넘어갑니다.
　<신(神)나는 사람>, 216 자가 맞는지 세어봅니다.
　<신통(神通)한 사람>, 필자를 믿습니다.]

　우리말로 <억지로> 옮기면 이렇게 된다.

와잇싸 말르아크 하엘로힘 하홀레크
　리프네 마하네 이스라엘 와엘레크
메아하레헴 와잇싸 암무드 헤아난
　밉페네헴 와야아모드 메아하레헴

와야보 빤 마하네 미츠라임 우벤
　마하네 이스라엘 와예히 헤아난
웨하호쉐크 와야에르 에트 할라옐라
　웰로 카라브 제 엘 제 콜 할라옐라

와예트 모쉐 에트 야도 알 하얌
　와욜레크 예흐와 에트 하얌 뻬루아흐
카딤 앗자 콜 할라일라 와야셈
　에트 하얌 레하라바 와입바케우 함마임

[<하 근기(根機) 사람>, 한두 줄 읽다가 치웁니다.
　<중 근기 사람>, 몰라도 끝까지 읽습니다.
　<상 근기 사람>, 문자에 매이지 않습니다.]

　이것을 성경에 나오는 대로 옮기면……

이스라엘 진(陣) 앞에 행(行)하던
하나님의 사자(使者)가 옮겨 그 뒤로 행하매
구름 기둥도 앞에서 그 뒤로 옮겨

애굽 진과 이스라엘 진 사이에 이르러 서니
저 편(便)은 구름과 흑암(黑暗)이 있고
이 편(便)은 밤이 광명(光明)하므로
밤새도록 저 편이 이 편에 가까이 못하였더라.

모세가 바다 위로 손을 내어민대
여호와께서 큰 동풍(東風)으로
밤새도록 바닷물을 물러가게 하시니
물이 갈라져 바다가 마른 땅이 된지라

[<조금 (높게) 아는 사람>,
　"이게 뭐꼬!" 실망(失望)합니다.

　<많이 (넓게) 아는 사람>,
　"이 뭐꼬?" 시심마(是甚麼)합니다.

　<많이 (깊게) 아는 사람>,
　행간(行間)을 읽다가 <**텅 빈 것**> 봅니다.
　아무것도 못 봅니다. 그래서 <바보>입니다.]

　구약 성경 출애굽기 14장에 나온다. 출애굽기는
<出애굽記>를 말한다.
　저 <**자유(自由)의 땅**>을 찾아, 노예(奴隷)로 살던
사람들이 <애굽['속박(束縛)'을 상징]을 탈출(脫出)
하는 대장정(大長程)>을 기록해 놓은 책이다.
　[<카시미르 쉐이비즘의 대등정(大登頂)>을 생각
하면서 읽으면…… 거기에는 <36 단계의 봉우리>가
있다. <**하늘 가는 길**>이……]

　그러나 여기서는 그냥 숫자 "216"에 관한 이야기
만 한다.

　위의 **히브리** 문자로 된 3 개 문장은 각각 **72** 개
문자로 이루어져 있다. 그래서 합(合)이 216이다.

위 3 개 문장을 첫 문장은 정순(正順)으로, 둘째 문장은 역순(逆順)으로, 셋째 문장은 다시 정순으로 배열하여, 다시 위에서 밑으로 읽는다면, [당연히] 72 개의 <3 문자 이름>을 얻을 수 있고,

여기에 엘[ﬡﬡ] 혹은 야[ﬡﬡ]가 더해지면 저 유명한 <야곱의 사닥다리 [꿈]의 72 천사(天使)의 이름>이 된다고 한다.

야곱이 벧엘[하나님의 집]에서 꾼 사닥다리 꿈을 성경은 이렇게 묘사한다.

"꿈에 본즉
　　사닥다리가 땅 위에 섰는데,
　　그 꼭대기가 하늘에 닿았고,
　또 본즉
　　<하나님의 사자(使者)>가
　　그[사닥다리] 위에서 오르락내리락하고
　또 본즉
　　여호와께서 그[사닥다리] 위에 서서
　　가라사대"

[하나님[여호와]이, 즉 신(神)이 <꿈을 통해>, <꿈에서> 가라사대하신다는 것은, 말씀하신다는 것은 여기서도 명명백백(明明白白)하다.]

72 천사가 **오르락내리락하는** 그 **사닥다리**는 곧 <하늘 가는 길> 즉 천로역정(天路歷程)이다.

그것은 카시미르 쉐이비즘의 36 봉우리의 다른 이름일 뿐이다. "36 × 2 = 72"다.

두 번의 반복[**오르락내리락하는** 상승과 하강]은 <그것이 전부(全部, 全體)다!>의 뜻이다.

그 유명한 <**신(神)의 이름**[쉠, משׁ]의 선포(宣布)> 장면!

"**여호와로라, 여호와로라!**
 자비롭고 은혜롭고…… 하나님이로라."

"예흐와[יהוה], 예흐와[יהוה]!
 엘[אל] 라훔[רחום] 웨하눈[וחנון]……"

여기서도 "**여호와로라, 여호와로라!**"라고 두 번 반복되는 것은, 우리가 잘 아는 대로, 나는 알파와 오메가요, 처음과 나중이요, 시작과 끝이라는 의미다.

하여튼 216이라는 수는 <영성 수련의 길>에서는 <동서양[유대교와 힌두교]>을 막론하고 마주쳐야 할 숫자다!

216 ÷ 3 = 72가 되고, 72 ÷ 2 = 36이 되고……

"216"과 관련된 재미있는 이야기 몇 개 더.

먼저 숫자 "3"의 상징을 두어 개 생각해 보자.

기독교의 "삼위일체(三位一體)"는 너무나 잘 아는 것이고, 인도에서는 **트리무르티[브라흐마-비슈누-쉬바]**라고 한다.
그것은 우리가 <태어나서[생(生)]>, <살다가[노병(老病)]>, <죽는 것[사(死)]>을 말한다. 우주 안에서 일어나는 것은 그 어떤 것도 그렇다.
또 "3"은, 대극(對極)인 부(父)와 모(母) "2"에서 태어나는, 균형(均衡) 내지 조화(調和)인 <아들[성자(聖子), **그리스도**]>을 의미하기도 한다.
그들을 합(合)하여 또 <삼위일체>라고 한다.

하여튼, <세 개의 세제곱수의 합>이 자신이 되는 <최소의 세제곱수> 그것이 "216"이다.

" $3^3 + 4^3 + 5^3 = 6^3$ "

"666"이라는 숫자는 굳이 기독교도가 아니라도 잘 알 것이다. 요한계시록에 나오는 것 말이다.

지혜(智慧)가 여기 있으니
총명(聰明)한 자는 그 <짐승의 수>를 세어 보라!
그 수(數)는 <사람의 수>니, **육백육십육**이니라.

Here is wisdom.
Let him that hath understanding count
 <the number of **the beast**>,
 for it is <the number of **a man**>
and his number is **666**.

혹 그것이 무슨 뜻인지 한 번 생각해 보았는가?
<노스트라다무스 류(類)의 이야기> 말고 말이다.

 "6 × 6 × 6 = 216"이다.

 필자가 보기에, 그 숫자(數字)는 <영성 수련의
길>로 안내하는 암호문(暗號文)이다.

 <진정한 철학자> 플라톤은 『국가(國家)』에서 이
"216"을 다루었다고 하며, 그것을 <인간의 수>라고
했다는 것은 알려진 이야기다.
 또 류영모는 말한다. <**짐승**의 나>, 곧 <**사람**인
나>에서 <**성령**(聖靈)의 나>로 거듭나자고 말이다.
한마디로, **제나**에서 "**얼나로 솟나자!**"는 것이다.

요한계시록은 다시 말한다.

땅에서 구속함을 얻은 십사만 사천인 밖에는
능히 <이 노래>를 배울 자가 없더라.

No man could learn <that song> but 144,000
which were redeemed from the earth.

"144"라는 숫자는 "12 × 12 = 144"의 의미다.
<땅의 **모든** 지파(支派)>에서 <선택된 **모든** 사람들>
말이다. [<사이비 기독교 류(類)의 주장>은 언급할
가치조차 없다.]

그리고 또 "216 + 144 = 360"이 된다.
360이라면 우선 360°가 떠오른다. 원(圓) 말이다.
원불교(圓佛敎)의 "원(圓)", 일원상(一圓相), 그리고
샥티 차크라도 생각나고……
<그들[144,000]>이 어쩌면, **땅**에서 <영성 수련의
수레바퀴[216]>를 <**쉬지 않고**> **노래**하고 있는지도
모른다.

비갸나 바이라바에서는 우리가 하루에 21,600회
자파를, 즉 기도(祈禱)를 한다고 한다.
하루의 낮 **모든** 시간이 **12**시간이고 또 밤의 **모든**

시간이 **12**시간이다. 한 시간은 60분, 1분은 60초. 그래서 하루는 "24 × 60 × 60 = 86,400"초(秒)다.

　[아마도 불교의 <팔만 사천 번뇌와 법문(法文)>은 여기에서 온 말일지도 모른다.]

　인간의 평균 <한 호흡의 시간>은 4초라고 한다. 그래서 우리는 하루 "86,400 ÷ 4 = **21,600**"회수(回數)의 숨을 쉰다고 한다.

　영적 수준이 높으면 <숨 쉬는 것이 곧 기도>라는 것이다. **카시미르 쉐이비즘**에서는 **아자파-자파**라고 한다. "**쉬지 말고 기도하라!**"와 같은 말이다.

　차이는 **아자파-자파**는 <저절로 되는 기도>이고, 성경은 <그런 목표>를 갖고 힘껏 노력(努力)하라는 말이다.

　[주역(周易)에서는, <건(乾)[하늘]의 책수(策數)>는 216이고, <곤(坤)[땅]의 책수>는 144이니, 합하면 360으로, 이는 <한 해(年)의 날 수[음력(陰曆)]>에 해당된다고 한다.]

3. "Milky Way"

　지금까지 필자의 <영적(靈的)인 여행>은 <꿈이 이끈 여정(旅程)>이었다.

　필자는 기독교 가정에서 태어나, 중고교 시절을 기독교 학교에서 보냈다. 필자의 <정신생활의 기초(基礎)>는 성경(聖經)이 전부였음을 고백한다.

　간절한 마음으로 말씀을 받고, 이것이 그러한가 하여, 날마다 성경을 상고(詳考)하는……

　그 여정 초기(初期)의 어떤 꿈이다.

　<어떤 운동장 같이 넓은 [곳의] 교실>이었는데, 나는 <나의 교실>을 찾았으나 잘 찾지 못했다.

　그 교실은 뒤가 운동장 같이 넓어, <끝이 없는 교실(敎室)>이었다.

　그 교실은 내가 처음 보았던 강단과 칠판이 있는 앞쪽 이외에, <다른 강단과 칠판이 있는 앞쪽>이 이미 보았던 것보다 <왼쪽에 있었다.> 이것도 어마어마하였다.

그러니까 그 교실은 "V"자(字) [혹은 "Y"] 모양으로 뒤편은 <운동장처럼 넓어서, 끝이 없는 하나>이지만, 앞쪽은 둘로 갈라진 교실이었다. 나는 (왼쪽의) <다른 강단> 쪽으로 갔다.

시상식이 있었는데, 누가 어떤 상을 받을지는, 보물찾기로 정하는 것 같았다. **<보물 표 찾기>는** [어릴 적, 비행기에서 전단이 뿌려졌듯이] **하늘에서 뿌려졌다.** 나는 약간 늦었지만 달려가 **제일 왼쪽에 서서 공중(空中)에서 내려오는 걸 한 장, 그리고 또 한 장을 잡았다.**

오른쪽은 어떤 못이었는데, 아마도 수성(壽城)못 같기도 하였다. 그 표들이 대부분 못 안으로 떨어졌으므로 많은 사람들이 그 보물 표를 잡지 못한 것 같다. 나는 바로 못가 제일 왼쪽에서 잡았다. 그 **<보물 표>의 하나는 아무 표시가 없었고, 다른 한 장은 "81"이라고 적혀 있었다.**

보물의 수상(受賞)은, 앞에 나가 상을 받는 만큼 <장기 자랑>을 해야 했고, 아무 표시가 없는 표는 나가지 않았다.

나의 표에 기록된 <장기 자랑[의 요구사항]>은 **어떤 단순한 몇 개의 단어(單語) 혹은 문장(文章)의 <포괄적(包括的) 의미의 "말">을 "소리"로 말하는**

것이었다……

🌓

당시 필자는 매일 꿈을 기록했다. **융**을 재미있게 읽고, **융**을 스승으로 생각했던 시절이었다. 그날도 잠을 깬 후 즉시 꿈을 기록하고는, 곧 꿈 내용을 잊어버렸다.

오전에 아는 분이 찾아와서 책 한 권을 선물로 주었다. 류영모 풀이의 도덕경(道德經)이었다.

[그것이 필자에게 성경 이외의 경전(經典)으로는 처음이었을 것이다.]

머리말에 대략 이런 구절이 있었던 것으로 기억한다.

"도덕경은 81 장으로 나뉘어져 있는데, 처음부터 81 장으로 되어 있었던 것 같지는 않다.

그것은 우리나라 천부경의 81 자와 어떤 관련이 있을 것으로 짐작된다."

문득 "81"이라는 숫자를 어딘가에서 들어본 것 같았다. 그러나 그것이 어디에선지…… 기억이 나질 않았다. 언젠가 그 어디선가 본 것은 같은데……

무언가 아득한 그 어떤 것이……

　그러다가 그것이 혹 꿈에서 본 것이 아닌지……
　퇴근 후 꿈 기록을 다시 뒤졌다. 그런데 그것이
바로 <오늘 아침 꿈>이 아닌가!

　영화 첨밀밀(甛密密)에서 <등려군(鄧麗君)이 부른
노랫말>이 떠오른다.

在哪里　在哪里　見過你
자이 나알리 자이 널리 쟁궈니

你的　笑容　這樣熟悉
니더 샤오롱　쩌양슈오시

我一時想不起　　啊! 在夢里.
워 이쉬샹뿌치　　아! 자이멍리.

언젠가 그 어디선가　　그댈 보았는데
살짝 웃는 모습이　　　이렇게 낯익은데
도무지 생각이……　　아! 꿈에섭니다.

☯

천부경(天符經)은 어렵다. 그 비밀(秘密)을 숫자로 바꾼 <일급 암호문(暗號文)>으로 되어 있어,

[영화 <뷰티풀 마인드[Beautiful Mind]>의 내쉬 교수라면 풀지도…… 그도 풀 수 없다!]

천국의 제자된 서기관(書記官)들이 아니고는 풀 수가 없다.

도덕경(道德經)을 읽고 관심을 갖게 되면, 자연히 **장자(莊子)**로 이어진다. 장자를 읽고 관심을 갖게 되면……

<장자>의 별명은 남화경(南華經), 우리는 자동적으로 <**중국의 선(禪)**>으로 인도(引導)된다.

중국의 선(禪)…… 그것은 **인도(印度)의 불교**에서 연유(緣由)한 것이다.

인도의 불교(佛敎)…… 그것은 그 당시 **힌두교**에 대한 저항(抵抗)으로 시작된 것이다.

[유대교에 대한 기독교의 저항처럼 말이다.]

그러면 그다음은 또 자동적으로 <**힌두교의 영성 철학**>으로, 그리고 그 "**최고봉(最高峰)**"으로 쉬바와 카시미르 쉐이비즘……

☯

"Milky Way!"

얼마나 멋있는 이름인가! <은하수(銀河水)>라는 한자어의 이름도 좋지만……

"**젖 길**"이다. <어린 영혼의 우리>를 먹여 살린 <젖줄>, 즉 <생명의 젖줄> 말이다. 그런 <**젖 길**> 이야기를 하나 하자.

[성경에 나오는 이야기다. 그러나 **설교(說敎)나 그런 것으로는 <알려진 이야기>가 아닐 것**이다.]

아브라함이 나이 많아 늙었다. 그는 <늙은 종>을 불러서, 노총각(老總角)인 아들 이삭을 장가들이기 위해, 이삭의 아내를 구하게 했다.

[<결혼정보회사>를 이용하면 될 것을…… 그러나 그때는 아직 <정보화 사회>가 아니어서 확실한 저 데이터베이스가 없었고, "**안개만 땅에서 올라와 온 지면(地面)을 적셨더라.**"였을지도 모른다. 학자들은 **아브라함, 이삭, 야곱**을 <전설의 인물>로 보기도 한다. 즉 <신화(神話)>로 본다는 말이다.]

아브라함은 <고향(故鄕) 사람>을 원했다. [필자도 그런 것에 찬성한다. 필자의 (영혼의) 고향은 인도 (印度) 즉 <영성(靈性)의 나라>일지도 모른다.]

<늙은 종>은 막막했다. 그래서 그는, <그 자신은 한 번도 본 적이 없는 신(神)>에게 기도했다.

"우리 주인 아브라함의 하나님 여호와여!"

그는 시나리오를 짰다. <이번 이 일이 이런저런 상황으로 흘러간다면> 그것을 <신(神)의 뜻>으로 알겠노라고. 그런데 일이 **묘(妙)하게도** 그렇게 흘러가는 것이었다. 시나리오대로 말이다. [읽는 자는 깨닫고, <이런 방법>으로 신부를 구할 것!]

그런데 장래 <이삭의 아내>가 될 처녀의 경우가 **더 묘(妙)하다.** 이름이 리브가라고 하는데, 신랑이 될 사람의 사진을 본 것도 아니고, 직업과 학력은 더더욱 잘 몰랐을 텐데, 대뜸 거기로 시집가겠다는 것이다.

성경은 이런 암시(暗示)를 한다.

"소녀(少女)가 달려가서 이 일을 **<어미 집>**에 고(告)하였더니"

<어미 집>이 무엇인가? 그러면 <아버지 집>은 따로 있다는 것인가? [혹시 부모가 별거(別居) 중? 아니면 부부유별(夫婦有別) 실천 중?]

하여튼, 이 맹랑한 처녀는 어떤 이유에선지 과감하게 낯선 남자들과 집을 나섰다. 필자가 보기에, <무작정 상경(上京)>은 확실히 아닌 것 같다.

그녀의 **유모(乳母)와 함께** 갔으니 말이다.

어느덧 세월이 흘러, 그 **리브**가 임신(姙娠)을 했다. [세월은 참 빠르다. 책에서는 한 줄만 아래로 내려가도…… 우리의 이 『삶』이라는 책에서도.]

그런데 그녀의 태(胎) 속에는 쌍둥이가 있었고, 또 서로 싸우고 있었던 것이다. [처음부터 녀석들은 <어떤 영역(領域)>을 다투고…… 쌍둥이인 **에서**와 **야곱**을 좌우 뇌(腦)로 읽어도 좋다!]

소위 태교(胎敎)로는 통하지 않았던지, **리브**가는 "**가서 여호와께 물었다**"고 한다.

[요즘 같으면 성당이나 교회로 갔겠지만, 당시는 그런 게 없었으니 어디로 갔다는 말인가?]

하여튼 성경은, 그 "**여호와가 이렇게 말했다**"고 전한다.

두 국민(國民)이 네 태중(胎中)에 있구나!
두 민족(民族)이 네 태중에서부터 나뉘이리라.
이 족속(族屬)이 저 족속보다 강(强)하겠고,
<큰 자(者)>는 <어린 자>를 섬기리라.

리브가는 도대체 어디로 찾아갔고, 그 **여호와는** 도대체 누구인가? [<멜기세덱>도 있었으니, 그는 죽지 않는 사람일 수도 있고, 아니면 그의 후계자일지도 모르지…… 글쎄다.]

아무튼 이때부터 **리브가는** 더 용감해진다. 아들 **야곱**이 형 에서의 복을 **빼앗으려는** 음모(陰謀)에 자신이 직접 가담한다. 아들 **야곱**이 주저(躊躇)하는 것을 보자, 그녀는 이렇게 말한다.

"너의 저주(咀呪)는 내게로 돌리리니
 <내 말만 좇고> 가서 가져오라!"

무엇이 <이삭의 아내> 리브가를 이토록 강하게 만들었는가? 첫째아들 에서의 복수에서 둘째아들을 구하려고 **리브가는** <**최후의 힘(力)**>을 쓴다. 야곱을 멀리로 도망(逃亡) 보내기로…… [그녀는 벌써 저 손자병법(孫子兵法)의 36계(計)를 알았단 말인가?]
 그러나 성경은 또 이렇게 적고 있다.

"야곱은 <조용한 사람>이었으므로 장막[집]에 거(居)하였더라."
"Jacob was <a quiet man>, staying among the tents."

그래서 그는 주방(廚房)에서 팥죽을 쑤고 있었다. 그런 아이를 광야(曠野)로 내보낸다?

<익숙한 사냥꾼>이었으므로 <들 사람>이 된 그의 형 에서라면 모를까, 그 <마마보이> 같은 아이를?

리브가는 도대체 무엇을 믿고……

야곱은 집을 떠났고, 잘 아는 대로, 나중 <벧엘>이라고 명명(命名)한 곳에 이르러 <사닥다리 꿈>을 꾸었다.

[이 이야기는 너무나 유명하여 많은 시인(詩人)과 화가(畫家)들에게 영감을 주었다고 한다.

<마누라>는 주지 않았다고 한다. 그래서 그런 축들에게는 독거노인이 많은가 보다……]

누가 그 꿈을 해석(解釋)해 주었는가? 누가 그의 <꿈 선생>으로 있었는가?

[야곱 스스로라고? 제발 <그런 식으로> 성경을 읽지 말라. **성경은 <하늘에서 떨어진 책>이 아니다. <우리가 어떻게 신(神)에게로 나아갈 수 있는가를 안내(案內)하는 책>이다.**]

우리는 **성경을 깊게 읽어야 한다!** 그 뒤 <야곱이 얍복["야뽁"] 나루에서 씨름[야벡]하던 사건> 등도 우리는 잊을 수 없다. 하여튼 **야곱**의 영성(靈性)은 그의 체험(體驗)과 더불어 차츰차츰 다듬어져 가는 것을 우리는 볼 수 있다.

그런 야곱의 <영성 수련(靈性修練)>을 도대체 그 **누가 뒤에서 가르치고 있었는가?**

나중 야곱이 <어느 정도의 집안을 이루고> - 즉 <야곱의 영성이 어느 정도 성장했을 때>란 뜻이다. - 다시 그 벧엘에 이르렀을 때, 그 스승은 떠난다.

성경은 이렇게 말한다.

<리브가의 유모(乳母)> 드보라가 죽으매
그를 벧엘 아래에 있는
상수리나무 밑에 장사(葬事)하고
그 나무 이름을 알론바굿이라 불렀더라.

[벧엘은 <하나님의 집>이란 뜻이고, **알론바굿**은 <통곡(痛哭)의 상수리나무>란 뜻이다. 잘 알다시피, 상수리나무는 신목(神木)이다.

성서를 좀 읽는 사람들은 - 아니 많이 읽는 사람일수록 - 족장 <야곱의 이야기>가 한참 진행되는 여기서 왜 갑자기 <리브가의 유모(乳母) 드보라>의 사망 사실을 언급하는지 의아(疑訝)해 한다.

주석(註釋)을 보고, 또 여러 가지 추측을 하면서 말이다.]

<리브가의 유모(乳母)>, **젖어머니**였던 드보라는 리브가보다 더 오래 살았다.

[<드보라>라는 이름은 <벌(蜂)>, **<꿀벌**>이란 뜻이다. 나중 **이스라엘** 사사(士師)들 중에 이 이름의 여성이 있는데, 그녀는 (당연하게) **벧엘** 가까이에 살았다고 한다.]

그녀는 **아브라함**의 <늙은 종>이 그곳에 이르렀을 때, 이미 <리브가의 유모(乳母)>로서 **<어미 집**>에 있었다. <이삭의 아내>가 될 **리브가**의 영성 수련을 담당하면서 말이다.

리브가는 스승 유모(乳母)의 말을 그대로 따랐다. 유모의 영성(靈性)은 뱃속 아이들의 운명(運命)을 보고 예언(豫言)하고 선언(宣言)한다.

[<그런 일>은, 잘 아는 대로, 직관적(直觀的)이다. 망설임이 없다. 왜 망설이겠는가!]

<리브가의 **젖어머니**> 드보라는 도망가는 야곱을 따라 나섰다.

이제는 **야곱**의 영성(靈性)을 위해, **벧엘**에서 꿈을 가르치고 해석하는 등……

그리고 **브니엘**[<하나님의 **얼굴**>]에서도 가르친다. 저 <자유의 땅>, <내면의 하늘>로 가기 위해서는 먼저 자신[에고]과 싸워야 한다고 말이다.

<영적(靈的)인 딸> 리브가의 아들이 또 <영적인 아들>이 되었을 때, 그녀는 처음 **야곱**에게 <꿈>을 가르치던 곳, 벧엘에서 숨을 거둔다.

야곱은 통곡(痛哭)을 하고……

[필자는 한때 성경이 주었던 이런 감동에, 지금도 눈물을 머금는다.]

이스라엘이라는 <신앙 공동체[왕국]>가 세워진 그 배경에는, 이런 <꿈의 사람들>의 영성(靈性)이 도도히 흐르고 있음을 성경은 말하고 있다.

그 <영적(靈的)인 영역(領域)>, 그 영역(靈域), 그 땅을 성경은 <**젖과 꿀**이 흐르는 땅>이라고 부른다.

<드보라[**꿀벌**]>라는 한 <**젖어머니**[유모(乳母)]>가 <이스라엘[야곱]의 어머니> 리브가에게 주고, 또 그 아들 <이스라엘[민족]의 조상[아버지]> **야곱**에게 주었던 - 그리고 또 그 <영성의 땅으로 들어가려고 하지만, 그 영적인 힘(力)이 없고, 세상살이에 지쳐 눈이 밝지 못한 우리 어린 영혼들>에게 주는 - 그 **젖과 꿀** 말이다.

☯

이제 <상상(想像)의 은하수(銀河水)> 물속으로 더 깊이 들어가 보자. 깊이 들어갈수록 나는 그것과 <하나>가 된다.

마치 영화 <불멸의 연인>에서 **베토벤이 시냇물에 잠겨서, 저 별들의 세계로 녹아들듯이……**

[나는 그것을 <관음(觀音) 선생>의 <음악 영화의 소개> 차원에서 보았다. 그리고 관람(觀覽) 후 그의 짧은 언급을 잊을 수 없다.

잠시 후 저 수많은 별들의 먼지 속으로 사라지고 싶은 필자가 어찌 그런 말을 잊을 수 있겠는가!]

제 4 장

힘(力) II - 콧김 혹은 샥티

1. 감성(感性) - "그래, 그래!"
2. <소가 된 아이> 이야기
3. 스판다 - "살아 있는 이 무엇"

화두(話頭) 넷.

아무개가 <이상한 물고기>가 된 꿈을 꾸었다.
성현들은 <이 세상은 한바탕 꿈>이라고 한다.

1. 도대체 꿈은 무엇이고, 또 생각은 무엇인가?

2. <밤에 꾸는 꿈>이든, <이 세상이라는 꿈>이든
<꿈꾸는 이 실체(實體)>는 도대체 무엇인가?

3. 대뇌(大腦)? <시각(視覺) 중추>? <언어 중추>?
뉴런의 시냅스? 신경전달물질?

어떤 선사(禪師)가 말했다.

"<**죽이는 것**[살생(殺生)]>을 반대하는 사람들,
모든 <기식(氣息) 있는 생명>을 살리려는 사람들,
그들은 올바른 사람들이다.
동물과 곤충까지도 보호하려는 것은 좋은 일이다.

그러나 시간(時間)을 **죽이고 있는** 자들,
재물(財物)을 <**함부로 쓰는**[죽이는]> 자들,
그들은 어떤 자들이냐?
우리는 그런 것들도 무심히 넘겨서는 안 된다.

그런데
<깨달음을 얻지 못하고도 설법을 하는 자들>,
그들은 도대체 어떤 놈들이냐?
그들은 <**부처**[**진리**]를 **죽이고 있는 자들**>이다."

☯

옛날에 대조적(對照的)인 두 선사가 있었다.

한 사람은 운쇼(雲照) 스님으로, 부처님의 계율을 엄격하게 지켰다. 술은 입에 대지도 않았고, 아침 11시가 지나면 일절 음식을 먹지 않았다.

다른 한 사람은 단잔(坦山) 선사로 계율을 지키는 법도 없었고, 그저 먹고 싶으면 먹고, 자고 싶으면 자는 것이었다.

어느 날 운쇼 스님이 단잔을 방문했는데, 마침 단잔은 술을 마시고 있었다. 불자(佛子)라면 단 한 방울의 술이라도 입에 댄다는 것은 상상도 할 수 없는 일이었다.
단잔이 그를 반갑게 맞았다.
"어서 오시오, 스님!
술 한 잔 같이 하시겠소?"

"저는 술을 마시지 않습니다!"
운쇼 스님의 목소리가 자못 엄숙했다.

그러자 단잔이 혼자 중얼거렸다.
"술을 마시지 않는 사람은 사람도 아니지."

그러자 화가 난 **운쇼** 스님이 한 소리를 했다.

"그래, 내가 술을 마시지 않는다고 사람이 아니라면, **나는 무엇이란 말이오?**"

"그야, 부처님이지요."

단잔 선사가 웃으며 대답했다.

❧

누군가가 남전(南泉) 선사에게 말했다.

"<하늘과 땅과 내가 한 뿌리에서 났고, 만물과 내가 한 몸>이라는 말은 터무니없는 소립니다."

선사가 <뜰에 핀 꽃>을 가리키며 대답했다.

"요즘 사람들은 <이 꽃피는 나무[**실재(實在)**]>를 꿈으로 보는군요."

1. 감성(感性) - "그래, 그래!"

이제 우리는 <오른쪽의 뇌[우뇌(右腦)]>에 초점을 맞출 때다. 그것의 다른 이름은 **<느낌>**, **<가슴>**, **<사랑>**, **<중심(中心)>** 등이다.

[성경에서 <오른쪽> <우편(右便)>이라는 단어가 나오면 꼭 기억하라! 이것은 **비갸나 바이라바**에서 다룬 것이다.]

"이해하면 느껴진다!"

이해(理解)가 되면 느낀다. 이해가 무엇인가?
잘 아는 대로, 영어의 "under-stand"는 <아래에 서는 것>을 말한다.
과부(寡婦) 사정은 과부가 알고, 인간의 상황은 인간이 안다!

한자어(漢字語)의 <이해(理解)>라는 말은 이런 뜻이다. [필자(가 이해하는) 정의(定義)로는.]
"우리의 <잘 정리(整理)된 논리(論理)[사상, 철학, 교리(敎理)]> 등 <합리적(合理的)인 생각>이 완전히 용해(溶解), 해리(解離)되는 것" 말이다.

다른 말로, 우리의 **좌뇌의 기능이 완전히 끝나면** - 용해되면 - **그때 우뇌가 기능한다**는 것이다.

그때, 우리는 느낄 수 있고, 막혔던 어떤 정답이 불현듯 솟아오르는 것을 많이 경험한다.

우뇌는 <느끼는 뇌>이고, <꿈꾸는 뇌>이고, 또 <직관(直觀)과 통찰(洞察)의 뇌>다.

우뇌는 논리적이지 않다. 비논리적이다.

그리고 그것은 <시인(詩人)의 뇌>이고, 또 <**여성(女性)의 뇌**>다.

요즘은 여성들이 <많이 배워서> 사회의 많은 곳으로 진출한다. 그러나 그런 것은 전부 <남성의 뇌>라고 해야 할 좌뇌(左腦)의 개발에 의한 것이다. <그렇게> 좋은 현상이 아니다.

여성은 본래 우뇌(右腦)가 더 우세하다. 여성들은 그런 것을 마음껏 누리고 또 활용해야 한다!

그런데 왜 그렇게 <남성의 뇌>의 개발에 그렇게 에너지를 쏟는가?

필자는 그런 것을 <여성의 남성화>라고 한다.

[이야기가 빗나가지만, 요즘에는 젊은 남자들의 취업이 더 어려운 것 같다. 여성들이 <가정(家庭), "Home", 집(宀)>으로 돌아온다면, 젊은 남자들의

취업 문제는……

　젊은 남자들의 취업 문제만이 아니다. 잘 아는 대로, **가정이란 사회의 기본이 되는 무엇이다.** 마치 인간의 몸을 이루는 **"세포(細胞)"와 같은 것이다.**

　<여자(女)가 집(宀)에 있지 "않으면(不)">, 그것이 "불안(不安)"이다. 가만히 생각해 보면, 그런 것이 우리 사회와 국가의 <불안 요소>다.

　또 <집[마음]>에 <여자[Anima, 아니마, 영혼]>가 없으니, 우리의 <자기(自己, Selbst)>는 불안(不安)해서인지 평생을 죽은 듯 잠만 자고 있다.

　<자기 실현(實現), Selbst-verwirklichung>인지 <깨어남>인지 하는 것은 언제 하려는지……

　<여성(적인 것)>은, 실제로, <우리 (국가, 사회)를 구원(救援)하는 무엇>이다.]

　여성은 <남성의 뇌>가 할 수 없는 것을 할 때, 그 위력(威力)을 발휘할 수 있다.

　예를 들어, <창조(創造)하는 일>……

하나님[신(神)]이
자기 형상 곧 <하나님의 형상(形像)>대로
<사람을 창조하시되>
남자와 여자를 창조하시고

우선 <아이를 낳는 일>, 그것은 <생명을 낳는 일>이다. 성경적으로 말하자면, **그것은 신(神)만이 할 수 있는 일이다.**

"생명(生命)만이 생명을 낳는다."

<신(神)이 사람을 창조했다>는 말은……

여성이 <아이를 낳고> <잘 가르치고[어린이집과 유치원에 맡길 일이 아니다.] 잘 양육(養育)하여>, **<사람을 만들 때>**, <참 인간을 창조할 때>, 그것이 바로 <신(神)이 시람을 창조했다>는 뜻이다.

그렇게 자란 사람은 곧 <신(神)을 닮은, 하나님의 자녀>가 될 것이다. 그런 것을, 저 거창한 신학적 용어로, "Imago Dei"라고 한다.

여성들은 그런 무엇이 될 수 있다. 그런 무엇이 되라고 성경은 우리에게 말한다.

<단지 새끼를 낳고, 먹이고 키우는 인간 동물의 암컷 어미>가 아닌……

젊은 여성이 <직장에 나가서 몇 푼 버는 것>은 웬만한 남자는 다 할 수 있는 일이다.

그런 것은 그렇게 위대한 일도 아니고, 또 치켜세울 일은 전혀 아니다. [아, 방송 작가들이여……]

136

남자들에게, 생명(生命)을 낳고, 인간을 만들라고 해보라. 할 수 있겠는가?

그들은 기껏해야 <집으로 먹이를 물어오는 일>이 전부다.

성경은 분명히 <신(神)이 인간을 창조했다>고 말한다. <신(神)이 될 수 있는 그런 기회>를 스스로 포기하는 여성들이 안타깝다.

그리고 남자들도 신(神)이 되고 싶다. 그렇지만 그들은 <여성들처럼 그런 식>으로는 안 되는 것을 <거의 무의식적으로> 느끼고 있다.

그래서 그런 것을 많이 느끼는 남자일수록, 그의 창조(創造)에 − 그 많은 창작물(創作物)과 <만들고 부수고 고치는 일>에 − 온 힘을 쏟는 것이다.

[필자도 그 중에 하나…… 불쌍히 여기시라.]

☯

괴테는 『파우스트』에서 말한다.

"올림푸스 산을 견고하게 하고, 신(神)들을 끌어 모으는 것은 누구이겠습니까?

그것은 작가 즉 시인(詩人)에게 계시(啓示)되는 <인간(人間)의 힘(力)>입니다."

내게는, 신화(神話)로써 <우리의 본질(本質)>을 암시(暗示)하거나, 아니면 <몇 마디 말>로써 <나의 본성에 대한 영감(靈感)>을 불러일으키는 이가 <**참시인**>이다.

그리고 고백하건대, <적지 않은 말로 설명을 잘 해줘야 조금 알아듣는 (것 같은) 필자>에게 현대의 "시"와 "시인"은 아득히 먼 곳이다.

하여튼 짧은 한시(漢詩)와 하이쿠(俳句) 류(類)가, 필자에게는, 단순(單純)해서 좋다.

萬古長空(만고장공)　　**까마득한　저 하늘에**
一朝風月(일조풍월)　　**살짝 이는　새벽바람**

까마득한　저　하늘은 <무한의 시공(時空)>이다. 거기에는 아무것도 없[었]다. 그러나 창조의 **새벽**을 여는 **살짝 이는 바람**이 있다.

고요한 옛 연못에
개구리 한 마리 풍당

고요한 옛 연못 역시 우리의 <시원(始原)의 곳>, <태고(太古)의 곳>으로, 곧 우리의 **의식**(意識)이고, <침묵(沈默)의 곳>이다.

여기에 작은 **개구리**인 나의 한 생각이 **퐁당**……
<고요한 근원>에 파문(波紋)을 일으킨다.

큰 우주든 작은 연못이든, <섬세하고도 미묘한
그 무엇>을 시인은 우리에게 전한다.

하이쿠 하나 더.

**그물에 걸리지 않는
물속의 달**, 水月!

달은 물론 **실재**(實在) 혹은 **진리**(眞理)를 가리킬
것이다. 그 실재는 우리의 <몸속에[혹은 몸밖에]>
있지만, 우리의 생각이라는 그물에는 결코 걸리지
않는다.

아마도 중학교 <한문(漢文) 시간>에 배운 것일
것이다.

松下問童子(송하문동자)
言師採藥去(언사채약거)
只在此山中(지재차산중)
雲深不知處(운심부지처)

깊은 산 스승 찾아   아이에게 물었더니
스승은 약초 캐러   일찍 나가셨다고.
지금도 이 산중에   계시는 건 확실한데
구름이 하도 깊어   찾을 길이 없구나.

　제목이 <尋隱者不遇(심은자불우) - 스승을 찾았
으나 만나지 못하고>로 기억한다.
　[이 시는 많이 읽히는 만큼, 수많은 감상(感想)이
있을 것이다. 부디 <너그러운 마음>으로……]

　은자(隱者)인 **스승**은, 내가 <생각으로> 다가가면
다가갈수록 멀어지는, **의식**(意識)이나 **실재**(實在)를
떠올리게 한다.
　우리의 <생각의 **구름**>이 깊을수록 <숨은 자>를
찾을 길은 오리무중(五里霧中)……
　[나 같으면, **구름이 하도 깊어 찾을 길이 없**으면
<**소리**>라도 질러서…… 산이 어마어마하다고요?]

☯

　필자는 시(詩)를 잘 모른다. 그냥 나름의 상상을
더할 뿐이다. 혜량(惠諒) 있으시길……
　시인(詩人) 이진흥(李震興)[호(號) 노아(老兒)]님의
증명(證明)이라는 제목의 시 한 수(首).

증명 (證明)

추운 아침 동쪽에서
황소가 걸어온다.

뿜어내는 콧김이 하얗게 부서진다.
둔중한 걸음으로 다가오는
그는 착한 동물이다.

하얀 콧김과
길가에 핀 쑥부쟁이가
그것을 증명하고 있다.

　쑥부쟁이가 핀 어느 추운 아침은 우리에게 늦은
<가을 날>을 그려보게 한다.
　황소는 쉬바의 난디일지도, 아니면 노자(老子)가
탔다는…… 그것이 그가 동쪽에서 오는 이유다.

　황소의 콧김은 물론 호흡(呼吸)을, 프라나 즉
<생명 에너지>의 드나듦을 말한다.
　그 숨결이 있기에, 우리는 그것이 동물(動物)인
것을, <[그 안에서] 살아 움직이는 그 무엇>인 것을
알 수 있다.

"그"가 **뿜어내는 콧김**은 **추운 아침**이면 더 잘 보인다. 죽음의 어둠이 짙을수록 등(燈)불의 존재가 더 **증명**(證明)되듯이 말이다.

쑥부쟁이는 [우리네 삶의] **길가**에서 흔히 보는, 흔히 우리가 <나라고 하는 것[에고]>일지도 모른다. <그 수많은 생각 덩어리의 나, 단지 욕망 덩어리의 나> 말이다.
황소는 **쑥부쟁이**에게 그렇게 썩 관심이 있는 것 같지는 않다.

그러니 지혜(智慧)는 어리석음을 먹고 자란다는 말이 있듯이, **쑥부쟁이와 하얗게 부서지는 콧김**이 있어, 우리는 **황소**라는 <**살아 있는 그 무엇**>을 알 수 있고, 또 **그 무엇**이 **증명**(證明)될 수 있다.
이런 말이 떠오른다.

욕망이 일어나기 전에, 생각이 일어나기 전에 어떻게 <내가 있다>고 말할 수 있겠는가?

이 시는 우리 <인생의 늦가을>을 돌아보게 한다. 시인은, 나에게로 다가오는 그 <**황소의 콧김**>을, 그 <영적(靈的)인 **실재**(實在)의 **역동성**(力動性)>을, 이제는 좀 느껴보라고 우리를 떠민다.

시인(詩人)은,

쑥부쟁이라는 저 <작은 생명>이

추위와 또 **둔중한 걸음으로 다가오는** 그 무엇에

- 죽음의 그림자 -

<떨면서도>

오히려 그것의 **착함을**, 즉

<신(神)의 선(善)하심>을 **증명하고 있다**고 한다.

그러나 실은, 시인이 그 자신의 뭔가를 **증명**하고 있는지도 모른다.

2. <소가 된 아이> 이야기

약 100년 전 **카프카**는 『변신(變身)』에서 이렇게 말했다.

"어느 날 아침
그레고르 잠자가 악몽을 꾸고 깨어났을 때,
그는 한 마리의 흉측한 <바퀴벌레>로 변해 있는
자신의 모습을 발견했다.

그리고 필자는 약 50년 전[아주 어릴 때] 이런 것을 느꼈던 <어느 순간>을 기억한다.

문득
[(<나>라는) 그 무엇이]
<여기[몸 안]>에 갇혔다는……

나중에 <정리된 생각>이지만, 그 <어느 순간>은 아마도 <이 몸을 알아채면서>, 아니면 또 몇 가지 <"나의 생각"을 하면서["느끼면서"]> 일어난 인간 현상이었을 것이다…… [**느껴라. "나의 생각"**을]

갑자기 이 <**인간 벌레**>라는 것에 갇혔다는 느낌, 그리고 그런 느낌을 가지는 **그 무엇**……

이런 아련한 기억은, <민감한 이라면>, 누구나 느꼈을 것이다. 그런 것을 꼭 어떤 말로 표현하고 안하고는 사람마다 다를 것이고…… 표현 방식도 다를 것이다.

그런 것을 샤르트르는 "인간은 [우연히] 태어나 세상(世上)에 던져진 존재"라고 했는지도 모르겠다.

카프카가 <벌레의 모습으로 변한 [우리] 인간>을 말했다면 – **그것을 우리 인간의 실존(實存)이라고 <서양의 지성(知性)들>이 말한다면** – 여기 동양의 다른 **실존(實存)**[혹은 **실재(實在)**]도 있다.

　<소가 된 아이> 이야기다.

　찬도기야 우파니샤드 원본(原本), **오쇼 라즈니쉬** 각색(脚色), 필자 연출(演出)이다.
　[살다보니, 별짓 다하는 것 같다. 그러나 즐겁게 감상하시기를!]

　　☯　　　　☯　　　　☯

스벳케투는 <공부를 마치고> 집으로 돌아왔다. 그는 모든 시험을 통과했고 성적도 우수했다. 그는 스승이 줄 수 있었던 모든 것을 끌어 모았다. 그는 아주 자신감이 있게 되었다.

그러나 집에 돌아온 그를 보고, 그의 아버지는 이렇게 말했다.

"아주 당당해 보이는구나! <너의 지식(知識)>이 너를 아주 자신감 있게 만들었구나. 네 걸음걸이가, 네 거동(擧動)이 그렇게 보이는구나.

나는 한 가지만 묻겠다. **너는 <모른 깃을 아는 그것>을 아느냐?**"

스벳케투가 말했다.

"저의 스승께서는 <그런 것>은 전혀 말씀하시지 않았습니다. 저는 <세상에서 알려질 수 있는 것>은 모두 배웠습니다. 아버지께서 어떤 것을 물으시면 저는 그것에 대해 대답할 것입니다. 그렇지만 지금 <무슨 유형의 질문>을 하시는 것입니까?"

그의 아버지가 말했다.

"그러면 다시 돌아가거라. **<모든 것이 알려지고, 그것 없이는 아무것도 알려지지 않는 것>, 그것을 알지 못하면, 돌아오지 마라.**"

스벳케투는 돌아갔다. 그리고 스승께 여쭈었다.

"저의 아버님의 말씀이 저를 집으로 받아들이지 않겠다고 하십니다. 저희 집안은 단지 출생에 의해 자동적으로 **브라만**[사제(司祭)]이 되는 그런 집안이 아니기 때문입니다.

저희 집안은 대대로 <아는 자>, 즉 <**브라흐만을 아는 자**[브라만]>이었습니다. 단지 출생이 아니라, 실제의 <진정한 지식[**참 앎**]>으로 말입니다.

그래서 '네가 [출생이 아니라] <**브라흐만을** 아는, **궁극의 실재**를 아는 진짜 **브라만**>이 되지 않으면, 집에 돌아오지 마라. 너는 우리에게 가치가 없다.' 고 하셨습니다. 그러니 이제 저에게 그것을 가르쳐 주십시오."

스승이 말했다.

"나는 가르칠 수 있는 것은 네게 모두 가르쳤다. **그것은 언어로써 가르칠 수 있는 것이 아니다.**

이 **아쉬람**[수행처(修行處)]의 소를 몰고 가거라. 모든 소를 몰고 숲속으로 가서, 거기서 소와 함께 지내라.

말하지 말고, 생각하지 말라. 그냥 한 마리 소가 되라. 소를 사랑하고, **소가 느끼듯이 너도 느끼고, 그들이 침묵하듯이 너도 침묵하라.** 그리고 소가 1,000 마리가 되거든 돌아오너라."

스벳케투는 소를 몰고 숲속으로 갔다. 거기서는 말할 사람도 없었고, 그러니 <생각하는 것>도 별로 소용이 없었다. 점차로 **그의 마음은 소의 마음처럼 되었다.** 그는 나무 아래 <고요하게> 앉았다.

그는 몇 년을 기다려야 했다. 왜냐하면 소가 1,000마리가 되어야 돌아갈 수 있었기 때문이다.

점차로 언어가 그의 마음에서 사라졌다. 점차로 사회가 그의 마음에서 사라졌다. **점차로 그는 전혀 인간 존재가 되지 않았다. 그의 눈은 마치 소처럼 되있나.**

이제 그는 수(數)를 세는 것도 잊어버렸다. [만약 내 속에서 언어가 사라지면……] 그는 어떻게 소의 숫자를 세는지, 언제 돌아가야 하는지 잊어버렸다.

그러자 소들이 말했다.
"**스벳케투,** 이제 우리를 주인집으로 데려가라."

스벳케투가 돌아왔다.
스승이 다른 제자에게 말했다.
"소를 세어보아라."
소를 센 후 제자가 말했다.
"맞습니다. 1,000마리입니다."

그러자 스승이 말했다.

"1,000 마리가 아니고 1,001 마리야."

그는 소떼 가운데 – 1001 마리로 – 서 있었다. 고요하게, 아무 생각도 없이, **그냥 거기에 있었다.** 순전(純全)히 **한 마리 소가 되어서** 말이다.

스승이 말했다.

"이제, 네 부친 집으로 돌아가거라. **너는 알았다. 그것이 네게 일어났다.**"

이런 유(類)의 이야기는 사실, 다른 데서도 많다. 민화(民話)와 민담(民譚)은 <이런 지혜>를 우리에게 주는 것이 많다.

우리나라의 <옹고집(雍固執) 이야기>도 그 중의 하나일 것이다.

옹정[道] 옹연[郡] 옹진[面] 옹당[里]에 <옹고집>이라는 사람이 살았는데, 성질이 고약해서 매사에 고집(固執)을 부렸다. 한마디로, 고집불통(固執不通)이었다.

<달뜨는 곳>에 도통(道通)한 이가 있어, 옹고집과 교통(交通)을 원했건만 역시 불통(不通)인지라, 다른 방법으로 소통(疏通)을……

짚단으로 초인적(超人的)인 초인(草人)을 만들어, <가짜 옹고집[도깨비]>을 <진짜 옹고집>의 집으로 보냈던 것이었다.

<가짜>와 <진짜>가 [우리의 <마음>이라는] 큰 문[大門]에서 만났을 때, 그들은[혹은 그는] 깜짝 놀라 소리쳤다.

˝**너는 누구냐?**˝

상대도 똑같이 소리쳤다.

"너는 누구냐?"

나는 고집불통(固執不通)인 사람들을 볼 때마다, 늘 이 <옹고집 이야기>가 떠오른다.

"나는 아무개다! 나는 기독교도다!"라는 사람들 말이다. 에고는 한계가, 경계가 필요하다. 경계가 명확할수록, <나>라는 것은 더 명확히 존재한다.

그러나 그 <명확한 경계>, 그 <확실한 정체성>은 고집불통의 다른 말일 뿐이다.

그리고 이 고집은 <수많은 도깨비>로 우리에게 늘 있는 것이다.

서암 선사(禪師)의 일화(逸話)가 생각난다.

서암(瑞巖)은 날마다 자기 혼자, "주인공!" 하고 부르고, 또 혼자 "예!" 하고 대답한다.

"정신 똑바로 차려야 해!"
"예."
"그 녀석에게 속으면 안 돼!"
"예, 예."

서암 늙은이[老子]는 어쩌려고 저 <수많은 도깨비 가면(假面)>을 가지고 노는 걸까.
저것 보게. 하나는 부르고, 하나는 대답한다.

<도깨비 가면>, 그 <페르소나[persona]>가 사라지면……

[시골에서 "이른 아침에 잠에서 깨어" 자주 듣는 어떤 노래의 노랫말이 떠오른다.
"나는 옷을 벗었다.
<거짓의 옷>을 벗어 버렸다."]

3. 스판다 - "살아 있는 이 무엇"

바수굽타의 저작으로 알려진 『스판다 카리카』는 『쉬바 수트라』에 <일종의 주석(註釋)>을 제공하는 문서다.

<신성(神性)의 **의식(意識)**>은 차갑고, 활기 없는 <지적(知的)인 작용>만은 아니다. 그것은 스판다. 즉 <**살아 있고, 역동적이고, 삶과 더불어 고동치는, 창조적인>** 박동(搏動)이다.

쉬바 수트라에서 강조된 것은 신성의 **프라카샤** 측면이다. 스판다 카리카에서는 신성의 **비마르샤** 측면이다. 이 두 가지 통합적인 시각이 **카시미르 쉐이비즘**의 정수(精髓)다.

[필자는 수행경(修行經) **쉬바 수트라**에서, 나름 이것을 많이 강조했다.]

스판다는 문자적으로 "진동(振動)"을 의미한다. 그것은 신성 즉 의식의 역동성(力動性), 곧 <**신성의 창조적 박동(搏動)>**을 의미한다.

카리카라는 말은 "철학적이고, 과학적인 주제에 관한 구절(句節)의 모음"을 말한다.

스판다 카리카에 따르면, "**참나**"는 단순히 <지켜보는 의식>만은 아니다. 그것은 그 <인식(認識)>과 함께 <활동성(活動性)>의 특성이 있다.

이 <활동적 자아(自我)와 함께하는 자(者)>만이 <자신의 가장 높은 상태>에까지 오를 수 있다.

[그러므로 그것은 우뇌(右腦)에 관한 무엇이라고 할 수 있다.]

스판다가 무엇인가?

스판다는 이 전통에서 쓰는 아주 전문적인 용어다. 그것은 일종의 <움직임>으로, 운동(運動), 진동, 고동(鼓動), 박동이다.

그러나 신성(神性)에 적용될 때, 그것은 움직임을 의미하지 않는다.

아비나바굽타는 이것을 아주 명확히 한다.

"스판다는 어떤 종류의 움직임을 말한다. 만약 신성의 핵심으로부터 다른 대상 쪽으로 움직임이 있다면 그것은 명확한 움직임일 것이지만, 그것은 <움직임 그 자체>가 무(無)인 것이다.

그러므로 **스판다**는 신성(神性)의 핵심적인 본성에서 <모든 연속성(連續性)을 배제하는>, <영적인 기쁨의 [상하] 요동(搖動)이고, 고동(鼓動)>이다.

이것이 '**킨칫 칼라남**'에서 그 '**킨칫**'이라는 말의 중요성이다."

킨칫 칼라남은 <있었던 그대로의 움직임>을 말한다. [<미묘(微妙)한 움직임>이라고 하자.]

잘 알다시피, 움직임 혹은 운동(運動)은 <시공간(時空間)의 十소 안에서만> 일어난다. 그러니 <지고(至高)의 **그 무엇**>은 시간과 공간 너머의 것이다.

그러므로 **스판다**는 <물리적인 운동>도 아니고, 고통과 기쁨 같은 <심리적인 동요(動搖)>도 아니고, 배고픔과 갈증 같은 <생체 에너지의 활동(活動)>도 아니다.

그것은 <신성의 **나-의식**[비마르샤]>의 황홀경의 고동이다. <신성의 **나-의식**>은 **영적인 역동성**이다. 그것은 <**신성의 창조적 박동**>이다. 그것은 **쉬바**의 **스와탄트리야** 즉 <**절대 자유**>다.

만약 **스판다**가 어떤 종류의 움직임이 아니라면, 어떻게 이 말을 <**지고(至高)의 활동**>에 적용할 수 있겠는가?

스판다라는 말은 '어느 정도의 움직임'을 말하기 때문이다.

이것이 **아비나바굽타**가 설명한 것이다.

"**스판다**나는 <어느 정도의 움직임>을 의미한다. <어느 정도의>라고 하는 특징은 <부동(不動)의 것> 일지라도 '마치 <움직이는 것>처럼' 보이는 것으로 이루어져 있다.

<**의식**(意識)의 빛>조차도 – 그것은, 있는 그대로 변하지 않더라도 – 변(變)하는 것처럼 보이기 때문이다. 부동(不動)도 마치 여러 가지의 현현(顯現)을 가지는 것으로 보인다."

그러므로 **스판다**는 <그 안에서는 **어떤 움직임도 없는** 영적인 역동성(力動性)>이다. 그렇지만 모든 운동의 필수조건으로 있다.

무한하고 완전한 <신성의 **나-의식**(意識)>은 항상 **비마르샤** 즉 <자아 자각(自覺)[**자신을 알아채는 일**]>을 갖는다.

<**자신을 알아채는 일**>은 영적인 역동성인 <미묘(微妙)한 활동>이다. 그것은 물리적, 심리적, 생체 에너지의 활동이 아니다.

웃팔라데바는 이렇게 말한다.

"신성은 항존(恒存)하고, 불변하는 <**참나 자각**>
[비마르샤] 때문에 <**위대한 주(主)**>라고 한다.
그 자신의 절대적인 자유 안에서, <**자신을 알아
채는 일**>이 신성의 지식과 활동을 이룬다."

스판다는 단지 <**자신을 알아채는 일, 참 나를
느끼는 일**> 혹은 비마르샤의 다른 이름이다.
크세마라자는, 스판다는 스와탄트리야[<신성의
설내석인 사유>]를 포함한나고 했나.
비마르샤, 파라-샥티, 스와탄트리야, 흐리다야,
스판다는 동의어이다.

☯   ☯   ☯

이 책은 (현재로서는) 크세마라자의 『**프라탸비갸
흐리다얌**』과 바수굽타의 『**스판다 카리카**』를 소개
하지 못하는 필자의 어떤 아쉬움을 담고 있다.
[그러면 그다음은 또 **아비나바굽타**의 대작(大作)
『**탄트라-알로카**』 등을 비롯한……
최소한 그런 대작은 다음 선수에게 숙제(宿題)로
미룬다. 선수(選手)는 <선택된 손>을, 숙제는 <**잠을
자면서 하는** 과제>를 말한다.

156

<잠을 자면서 하는 과제>는 <꿈의 안내를 받는 것>이 그 요령(要領)이다.

아니면, 숙제는 <숙명(宿命)의 과제>일지도……]

"**프라탸비갸**"는 <재(再)-인식(認識)>을 의미한다. 그러면 인식(認識)은 무엇인가?

도대체 **<"안다"는 현상>**은 어떤 것을 말하는가?

<스판다>…… <**소** 판다>?

<스판다 카리카>…… <**소** 팔러 가리이까>?

하여튼 『**스판다 카리카**』는 이렇게 시작한다.

제 1 장   스와루파 스판다

<   1   > "……"

1절은 **쉬바**의 <원초적 에너지>인 **샥티**의 **운메샤**[나타남]와 **니메샤**[사라짐]로 묘사(描寫)되는 **스판다 샥티**를 기술한다.

크세마라자는 그것을 <**쉬바**의 핵심적 본성>으로, 또 <경험적 개아의 본성>으로도 본다.

운메샤와 니메샤는……

제 5 장

멍에 - 요가

1. 이랴, 이랴 - 채찍과 고삐
2. <몸>에 있는 일
3. 소걸음 - "온유한 자, 복이 있나니"

화두(話頭) 다섯.

영신 전강(永信田岡) 선사가 말했다.

1. 오래 전 위산(潙山) 선사는 자신이 죽으면 아랫 마을에 **소**로 환생(還生)하리라고 했다.
   그러면 그 환생한 소는 위산인가? 소인가?

2. **혹 나에게[도] 홀연(忽然)[갑자기] 죽음이 닥치면, 무엇으로 그것[<죽음의 신(神)>]에 맞설 것인가?**

3. 如何是(여하시) 生死苦(생사고)?
   九九(구구) 飜成八十一(번성팔십일).

노부시게라는 한 무사(武士)가 백은(白隱) 선사를 찾아와 물었다.

"천국(天國)[극락(極樂)]과 지옥(地獄)이라는 것이 **정말로 있습니까?**"

선사가 물었다.

"선생은 누구시오?"[**너는 누구인가?**]

"나는 **사무라이**입니다."[페르소나]
무사가 대답했다.

그 대답을 듣자, 백은 선사가 말했다.

"사무라이라…… 선생이 호위하는 주군(主君)은 도대체 어떤 자(者)인지, 참 **<한심(寒心)한 사람>**을 데리고 있구만."

돌연 화가 치민 무사가 칼집으로 손을 가져가고 있었지만, 선사는 아랑곳 않고 말을 계속했다.

"선생은 칼을 가졌군요! 그런데 **선생 칼솜씨로 한칼에 이 목을 자를 수 있겠소?**"

참다못한 무사가 칼을 뽑아들자, 백은 선사가 말했다.

"이제 <지옥의 문(門)>이 활짝 열렸군요!"

그 말에 무사는, **문득** 선사의 가르침을 깨닫고, 얼른 무릎을 꿇고 선사에게 절을 하였다.

그러자 선사가 말했다.

"이제 <천국의 문(門)>이 열립니다그려."

[선사(禪師)들은 검객(劍客)이다. 그들은 <우리의 목>을 한칼에 끊어, <나의 복잡한 생각> 곧 머리를 없앤다. **친나마스타** 여신(女神)처럼 말이다.]

☯

명상(冥想)을 배우려는 친구 넷이 모여서, 이제 몇 시간 동안은 **말을 하지 않기로 했다.**

그런데 열린 문틈으로 바람이 세게 불어, 등불이 꺼지려고 했다. 참다못한 한 친구가 **말했다.**

"어, 어! 등불이 꺼지려고 해."

두 번째 친구가 그 친구에게 **주의를 주었다.**
"너, 우리가 말 안 하기로 한 것 잊었어?"

세 번째 친구가 그들을 보고 **꾸짖었다.**
"야, 너희들! 멍청한 것들, 왜 말을 해?"

그러자 네 번째가 **혼자 중얼거렸다.**
"이렇게 되면, 나만 말을 안 한 셈이군."

[그만큼 침묵(沈默)이라는 것은, 명상이라는 것은
어렵다는 얘기다.
"나는 지금 마음속에 **어떤 생각도 있지 않다.**"는
생각도 **생각**이다.
<**생각**이 없는 상태>, 그것은 <**생각**이 많은> 우리
에게는, 정말이지, 하늘의 별따기다.]

1. 이랴, 이랴 - 채찍과 고삐

"이랴, 이랴!"

"소달구지가 가지 않으면,
 달구지를 치랴? 소를 치랴?"

밭가는 소가 <바른 방향(方向)>이 아니거나 너무 빠를 때, 그때는 고삐가 필요하고,
소달구지가 마냥 서 있거나 또 느릴 때는 채찍이 필요하다.

우리에게 - 나의 감각과 마음을 제어(制御)할 - 채찍과 고삐는 무엇인가?
[채찍과 고삐는 <부정적인 것>이고, <긍정적인 것>으로는 당근과 여물이 있을 것이다. 어느 것이 좋을지는 지혜(智慧)인 농부가 결정할 일이다.]

<부정적인 용어>를 많이 사용하는 **우파니샤드**와 불교(佛教)! **카타 우파니샤드**는 말한다.

육신(肉身)은 <수레>,
감각(感覺)은 <말>,
마음은 <말고삐>,
지혜(智慧)는 <마부(馬夫)>,

<감각이 좇는 대상>은 <말이 달리는 길>이고
<마차 뒤에 앉은 이>가 주인인 <그것>이니라.

지혜(智慧)인 마부가 잘못하면,
마음인 고삐가 불안하며
그 소성을 받는 말은 세멋대로 움직인다.

우리의 감각은 밖으로만 향하게 되어 있으니,
밖의 대상(對象)만 보려 든다.

그러니 지혜가 문제다.

도대체 지혜(智慧)가 무엇인가?

초기 불교는 지혜를 <다른 것>으로 보았다.
콘즈가 말하는 초기 불교의 지혜는 사리푸트라를
정점(頂點)으로 하는……
<후기 불교> 내지 대승(大乘) 내지 <공관(空觀)
학파>는 <새 지혜(智慧)>를 말한다.

[<불교(佛敎)>를 개관(槪觀)하고 싶은 분들에게
『한글세대를 위한 불교』를 추천한다.
불교의 속살을 보는 것 같아, 자주 읽는다.]

그리고 노장(老莊)으로 이어지는 그 지혜(智慧)!
그것은 선(禪)의 영원한 종지(宗旨)가 된다.

교외별전(敎外別傳)   언어로써 얻는다?
불립문자(不立文字)   말의 영향 벗어나
직지인심(直指人心)   자유의 땅 알아채면
견성성불(見性成佛)   얼나 참나 살아난다.

여기에, <무슨 말>이 더 필요하겠는가!

다만,
지식(知識)은 <좌뇌(左腦)의 것>, <머리의 것>,
혹은 <분별(分別)하는 짓>이고,
지혜(智慧)는 <우뇌(右腦)의 것>, <가슴의 것>,
혹은 직관(直觀)과 통찰(洞察)이라는 것을⋯⋯

너무나 잘 아는 <십우도(十牛圖)>를 다시 한 번
살펴보는 것으로, "이랴, 이랴!"를 대신한다.

165

(1) 심우(尋牛)

茫茫撥草去追尋(망망발초거추심)
水闊山遙路更深(수활산요로갱심)
力盡神疲無處覓(역진신피무처멱)
但聞楓樹晚蟬吟(단문풍수만선음)

망망대해 숲 헤치며　소를 찾아 나섰지만
물은 깊고 산은 높아　길은 더욱 아득하다.
몸과 마음 피곤하여　찾을 길은 없는데
해 서쿤 나무 위로　매미 소리 요란하다.

소는 결코 잃어버린 적이 없다. 그런데 왜 소를 찾아야 하는가? 우리는 나의 진정한 본성(本性)에서 분리되었기에, "**그**"를 볼 수 없는 것이다. 감각의 혼란 속에, 그의 흔적조차 잃어버렸다.

"**집**"을 멀리 떠나 많은 갈림길을 지났지만, 나는 어떤 길이 옳은 길인지조차 알지 못한다. 탐욕과 불안, 선과 악이 나를 삼키고 있다.

[누군가는 이 **소**를 <우리 자신이 쉴 곳>이라고 했다. <쉴 터["Shelter"]>라는 것이다. 그 피난처를 성경에서는 도피처(逃避處)라고 하는데, <빚진 자>들이 가는 곳이다. 우리 모두는 <빚진 자>다.]

(2) 견적(見跡)

水邊林下跡偏多 (수변임하적편다)
芳草離披見也麼 (방초리피견야마)
縱是深山更深處 (종시심산갱심처)
遙天鼻孔怎藏他 (요천비공즘장타)

**물가의 잡목 아래   수많은 발자국들
우거진 수풀 헤치고   또 다시 찾아본다.
산 높고 골짜기 깊어   이리저리 헤매지만
먼 하늘 콧구멍을   감출 수가 있으랴?**

가르침을 깨달으면 발자국이 보인다. 그때 나는,
많은 기물(器物)도 실은 똑같은 쇳덩이로 만들어진
것처럼, 수많은 실체(實體)도 실은 "**나**"라는 것의
직물(織物)로 되어 있다는 것을 알게 된다.
만약 **내가 분별하지 않는다면**, 어떻게 <거짓된
것>에서 <진실한 것>을 알 수 있겠는가? 아직 문에
들어가지는 못했지만, 나는 그 길을 발견했다.

[여기에서 <분별>은 <참 분별>을 말한다. **비베카**
말이다. 전에는 <보이지 않던 것>이 <보이는 순간>
말이다. 아니면 **비타르카** 즉 <**알아채는 일**>이라고
하자. 그래도 아리송하기는 마찬가지……]

(3) 견우(見牛)

黃鶯枝上一聲聲(황앵지상일성성)
日暖風和岸柳靑(일난풍화안류청)
只此更無回避處(지차갱무회피처)
森森頭角畵難成(삼삼두각화난성)

저 나무 가지 위에　　꾀꼬리 지저귀고
해 바람 부드럽고　　버들은 푸르구나.
<지금 여기>에서는　　숨을 데가 없지만
위풍당당 저 뿔을　　그릴 수가 없구나!

　소리를 들을 때 우리는 그 근원을 알 수 있다.
여섯 가지 감각으로 **몰입하는 순간** 우리는 문으로
들어간다. **어디로 들어가든 소의 머리를 본다.**
　이 단일성(單一性), 즉 <하나임의 느낌>은 물속에
녹은 소금과 같고, <색채 재료> 속의 색채와 같다.
지극히 작은 것도 "**참나**"에서 떨어져 있지 않다.

　[『몰입(沒入)의 즐거움』이란 책이 있(었)다.
　<진정한 도박(賭博)>에 몰입하든, 성행위에 몰입
하든, 몰입은 <그것> 외에 모든 것을 잊게 한다.
　그런 수준의 몰입을 영성 수련에서는 **다라나** 즉
집중(集中)이라고 한다.]

168

(4) 득우(得牛)

竭盡精神獲得渠(갈진정신획득거)
心强力壯卒難除(심강력장졸난제)
有時纔到高原上(유시재도고원상)
又入煙雲深處居(우입연운심처거)

정신을 가다듬어   잡기는 하였으나
힘이 세고 사나워   제어하기 어렵구나.
어떤 때는 마음대로   언덕 위를 오르고
또다시 구름 속에   숨으려드는구나.

  그는 숲에서 오랫동안 살았다. 그러나 나는 오늘
그를 잡았다. 그는 사방의 풍경에 취하여 방향을
잃고, 풀을 찾아 이리저리로 간다.
  마음은 여전히 완강하여 제어하기 어렵다. 그를
길들이려면 채찍을……

  [사실은, 우리 마음이 온갖 <사회적 현상>에 -
언어(言語)와 지식(知識), 관습(慣習), 교양(敎養),
문화(文化) 등등에 - **길들여져 있다.**
  그래서 **정신**(精神)**을 가다듬어** 우리 마음을 다시
길들일 필요가 있다. <탈(脫)-조건화>라는 역(逆)-
과정(過程) 말이다.]

(5) 목우(牧牛)

鞭牽時時不離身(편견시시불리신)
恐伊縱步入埃塵(공이종보입애진)
相將牧得純和也(상장목득순화야)
羈鎖無拘自逐人(기쇄무구자축인)

채찍과 고삐로써　　몸과 마음 다스림은
먼지와 티끌에　　　더럽힐까 함이라.
훌륭하게 길들여　　온순하게 되었을 때
채씩 고삐 넣어노　　스스도 따르리라.

　한 생각이 일어나면 다른 생각이 뒤따른다. 첫
생각이 깨달음으로 일어나면, 그 이후에 뒤따르는
생각들도 참된 것이다.
　<미망(迷妄) 때문에> 우리는 모든 것을 거짓되게
만든다. 그러나 **미망**은 대상(對象) 때문에 생기는
것이 아니라, **주관적인 생각의 결과이다.**
　<마음의 고삐> 단단히 쥐고 한 점의 의심도 허용
하지 말지어다.

　　[지혜인 마부(馬夫)가 잘못하면……
　　지혜(智慧)가 부르지 아니하느냐?
　　명철(明哲)이 소리를 높이지 아니하느냐?]

170

(6) 기우귀가(騎牛歸家)

騎牛迤邐欲還家(기우이리욕환가)
羌笛聲聲送晚霞(강적성성송만하)
一拍一歌無限意(일박일가무한의)
知音何必鼓脣牙(지음하필고순아)

소를 타고 유유히   집으로 돌아온다
청아한 피리 소리   노을 속에 퍼지고,
한 곡조 한 가락에   무한한 뜻 담겼으니
소리를 아는 이   무슨 말이 필요한가!

이제 갈등은 끝났다. <얻음>과 <잃음>은 이제는
<같은 것>이다. 나는 <나무꾼의 노래>를 부르고,
<어린아이들의 곡조>를 연주한다.

소의 등에 누워서 구름을 본다. **앞으로만 나아갈
뿐**, 뒤에서 누가 불러도 돌아보지 않는다.

[**"소리를 아는 이"**라……
득음(得音)의 경지인가, 관음(觀音)의 경지인가!
사실, <모든 것이 소리[샤브다 브라흐만]>인데,
무슨 말이 필요한가!
그러나 누군가는 <"말"을 "소리"로 말하라>는
꿈에 지시하심을 따라……]

171

(7) 망우존인 (忘牛存人)

騎牛已得到家山 (기우이득도가산)
牛也空兮人也閑 (우야공혜인야한)
紅日三竿猶作夢 (홍일삼간유작몽)
鞭繩空頓草堂閑 (편승공돈초당한)

소를 타고 혼자서　　　고향집에 이르니
사람은 한가롭고　　　소 또한 편히 쉬네.
중천에 해 떴는데　　　아직도 꿈속 세상
채찍 고삐 필요 없고　조당노 한가롭다.

　법(法)은, <모든 것>은 <하나>이지 둘이 아니다.
우리는 "소"를 <임시적인 주제>로 삼았을 뿐이다.
　<토끼와 덫>, <물고기와 그물>처럼…… 그것은
<제련(製鍊)한 금>과 같고, <구름을 벗어난 달>과
같다. 분명하고 밝은 길이 끝없이 이어진다.

　[채찍과 고삐는,
　-"소"가 우리의 <임시적인 주제>일 뿐이듯이 -
　우리의 <임시적인 방편>일 뿐인
　<말[언어, 문자]>과 <영성 수련>을 말한다.
　저 <자유의 땅>, 우리의 의식(意識)은
　원래 <한가(閑暇)한 곳>이다. 침묵(沈黙).]

(8) 인우구망(人牛俱忘)

鞭牽人牛盡屬空(편견인우진속공)
碧天遙闊信難通(벽천요활신난통)
紅爐焰上爭容雪(홍로염상쟁용설)
到此方能合祖宗(도차방능합조종)

채찍 고삐 소와 사람 모두 텅 비었으니
푸른 하늘 멀고 높아 소식 전하기 어렵도다.
시뻘건 화롯불 위   잔설이 쌓이겠는가?
이곳에서 붓다 조사   나와 하나 되도다!

이제 범부(凡夫)는 갔다. 마음에는 경계(境界)가
없다. 이제 나는 <깨달음의 상태>를 구하지도 않고,
<깨달음이 없는 곳>에 머물지도 않는다.

어떤 조건에도 얽매이지 않기에, [범부의] 눈은
"나"를 볼 수 없다. 어떻게 볼 수 있겠는가!

수많은 새들이 내 길에 꽃을 뿌려놓는다고 해도,
그런 칭송(稱頌)은 무의미한 것일 뿐.

["碧天遙闊 信難通(벽천요활 신난통)"
시(詩)에 도통(道通)한 곽암선사야 십우도(十牛圖)
이 열 화폭(畫幅)으로 <신(神) 난 통(通)>이겠지만,
시를 도통 모르는 필자에게는 편두통(偏頭痛)만.]

(9) 반본환원 (返本還源)

返本還源已費功 (반본환원이비공)
爭如直下若盲聾 (쟁여직하약맹롱)
庵中不見庵前物 (암중불견암전물)
水自茫茫花自紅 (수자망망화자홍)

근원으로 오기 위해   너무 많이 돌아왔지
눈멀고 귀먹기를   처음부터였더라면!
집 안에 앉아서는   집 밖의 것 못 보나니
물은 물로 아득하고   꽃은 실로 붉은 것을.

　처음부터 진리는 분명하다. 이 <고요의 경지>에
머물러, 통합되고 해체되는 형상들을 본다.
　"형상(形像)"에 얽매이지 않는 이는 "다시 형상을
가질" 필요도 없다. 물은 맑게 **있고**, 산은 푸르게
있고, <생겨나고 **있는 것**>과 <사라지고 **있는 것**>을
지켜보고 **있다**.

　[그렇지, 영웅(英雄)이 <집을 떠나는 것>은 돌아
오기 위함이고…… 우리가 <**몸에 있는 일**>은 몸에
있지 않기 위함이고……
　"집 안에 앉아서는 집 밖의 것 못 보나니"다.]

174

(10) 입전수수(入廛垂手)

露胸跣足入廛來(노흉선족입전래)
抹土塗灰笑滿顋(말토도회소만시)
不用神仙眞秘訣(불용신선진비결)
直敎古木放花開(직교고목방화개)

맨발에 가슴 열고   저잣거리 나서니
걸친 옷은 누추하나 얼굴에는 미소!
신선의 도술은   사용하지 않지만
눈앞의 고목 등걸   생명이 피어난다.

  사립문 안에서는 수많은 현인들도 "**나**"를 알지
못한다. 내 뜰의 아름다움은 눈에 보이지 않는다.
  내가 왜 조사들의 발자취를 따라야 하는가?
  나는 술병을 들고 저잣거리로 나갔다가 지팡이를
짚고 돌아온다. 술집과 시장을 돌아다니니, 만나는
사람마다 깨닫게 되도다.

  [이것이 전도(傳道)라는 것인데……
  누가 누구에게 무엇을 전한다는 것인가?
  <전(傳)할 사람>도, <당(當)할 사람>도, <전할
것>도 없는 것이 사실(事實) 아닌가!]

175

2. <몸>에 있는 일

"내 주를 가까이 하려함은
 십자가 짐 같은 고생이라."

"내 고생하는 것 옛 야곱이
 돌베개 베고 잠 같습니다."

기독교에서 말하는 십자가(十字架)라는 그 "짐"은
불교의 일체개고(一切皆苦)와 어울릴 것이다.

고생(苦生)과 고난(苦難), 그것이 <십자가의 길>
이다. 그런 "짐"이다.

예수는, 그[예수]를 따르는 자는 자신의 십자가를
지고 따르라면서, 또 다른 말도 한다.

"내 **멍에**는 쉽고, 내 **짐**은 가벼움이라."
"My **yoke** is easy, my **burden** is light."

십자가(十字架), 고난, "짐", "멍에[yoke]"……

[잘 아는 대로, 멍에의 영어 "yoke"와 "**요가**"는
같은 말이다.]

멍에[yoke]는 **소**의 목덜미에 얹어 수레나 쟁기를 끌게 하는 "∧" 자(字) 모양의 <나무 막대기>다.

[유사하게, **요가**[yoga]는 나의 <마음 에너지>와 <몸의 에너지>를 **그 무엇**과 연결하는 영성 수련을 말한다.]

무거운 짐을 나르거나 땅을 가는 **소**에게 **멍에**는 아주 중요하다.

특히 무거운 짐을 실은 달구지를 끄는 소에게는 멍에가 멍에끈으로 묶여 있지 않다고 한다.

혹 험한 길에서 달구지가 언덕 아래로 굴러 떨어지더라도 "**소**"만은 **다치지 않도록** 하기 위함이라고 한다.

아, 그런 것이 **멍에**였구나!

단순히 [내가 지금까지 생각해온 그런] 멍에만은 아니었구나!

어쩌면, **요가**의 목적도……

쉬바 수트라는 말한다. 우리가 "**몸에 남는 일은 덕행**(德行)"이라고.

인간의 몸과 마음을 갖고 있는 것이……

"<몸>에 있는 일"이 무엇인가?

구약 성경의 이야기 하나.

하나님은 아브람[후에 아브라함으로 개명]이라는 사람에게 <자손(子孫)과 땅>을 주겠다고 했다.

여호와께서 아브람에게 나타나 이르시되
"내가 **이 땅**을 네 **자손**에게 주리라."

The LORD appeared unto Abram, said,
"Unto **thy seed** will I give **this land**."

그 땅에 대해서는 앞에서 다루었다. 이제는 자손, 즉 <**그 아들**>, <**씨**>에 대해서 알아보자.

"לֶךְ לְךָ[레크 레카]"
- "너는 떠나라!" -

모든 영웅들의 이야기는 <**집**을 떠나는 것>으로 시작하듯이, 성경의 <믿음의 영웅(英雄)> 아브람의 이야기도 그렇게 시작한다.

[신화(神話)를 공부하면, 자연스럽게 **조셉 캠벨**의 『천(千)의 얼굴을 가진 영웅』도 만나게 된다.

그리고 절에 가면 제일 중요한 건물의 이름이 <대웅전(大雄殿)>이라는 것도 새롭고……

<큰 영웅(英雄)> 즉 **고타마 붓다**의 집이다.]

아브람은 <갈 바를 알지 못하고>, 신이 <앞으로 지시할 땅>을 향(向)해 - 어디로? 어느 방향으로? - 무작정(無酌定) 걸었다. 밤이면 별을 보며.

[목적지를 가르쳐주면, <내비게이션으로> 간단히 되는데…… 당시는 아직 인공위성(人工衛星)이라는 별도 없으면서, <별 볼 일>이 많은 그런……]

그런 그가 신이 지시하는 땅에 이르러 그 땅을 주겠다는 말을 다시 듣는다.

[<네가 열심히 돈 벌어서 사라>는 것도 아니고. 참, 부럽다. 요즘 이런 신(神)이 있으면 인기 있을 텐데…… 사실은, 있다.]

그러니 이제는 자손[**아들**]이다. **씨**다.

그런데 문제는 그와 그의 아내가 나이가 많다는 것이다. 남자인 그는 아직도 <그럭저럭> 괜찮지만, 여자인 그의 아내는 곤란했던 것이다.

많은 처방(處方)과 좋다는 약(藥), 음식(飮食)도 별 효과가 없었으니…… 이를 어쩌나.

아브람은 생각하고, 생각했다. 별별(別別) 생각을 다했다. 별 볼 일 없을 때면, 별을 보며, <하늘의 별처럼> 많을 것이라는 자손을……

하여튼, 세월은 흘러가고, 아브람은 뭔가를 해야 했다. 그때쯤 이야기다. 그가 고향을 떠날 때, 같이 따라온 조카 롯이, 그 지역의 사람들과 함께 나쁜 놈들에게 잡혀간 것이다.

그동안 아브람과 조카 롯의 재산(財産)이 불어나 서로 떨어져 살았던 것뿐인데, 이런 사태가.

사실, 그는 '조카를 양자(養子)로 삼으면 어떨까?' 하고 <남몰래> 수없이 많이 생각했으며, 어떤 때는 조카에게 달려가고 싶었노라고 어떤 외경(外經)은 전한다.

[그리고 그 <어떤 외경>이라는 것은 필자 녀석의 상상이라는 것을 <눈 밝은 독자>는……]

"아브람이 ᄀ의 조카가 사로잡혔음을 듣고
<집에서 **길리고 훈련된** 자(者) **삼백십팔 명**>을
거느리고 단까지 쫓아가서"

When Abram heard
that his brother was taken captive,

he armed <his trained servants, born in his own house, three hundred and eighteen>, and pursued them unto Dan.

조카 롯과 그 지역 사람들을 다 구출(救出)했다는 것이다.

[<워낙 적은 숫자>로, 우리 <믿음의 조상>께서 <하나님을 믿음으로> 전과(戰果)를 올린 것이라서, 우리 믿음의 후손들을 위해 정확하게 기록했다는 설(說)도 있다. 그러나……]

왜 성경은 "약 삼백 명을 거느리고"로 기록하지 않았는가? <화두(話頭)의 눈>은 여기에 있다.

<그의 집에서 나고, 훈련된 318 명의 봉사자들>, 그들은 누구였기에, 단까지 갔는가?

[<단>은 아브람이 살던 **헤브론**에서는 먼 곳이다. 우리나라의 <백두산에서 한라산까지>가 성경에는 <단에서 브엘세바까지>라는 말과 같다. **헤브론**은 브엘세바 근방이다.]

그들은 [아마도] **아브람**이 <영적으로 낳았고> 또 <영성 수련을 시킨 318 명의 아들>이었을 것이다. 그래야 그의 자손이 <하늘의 별>처럼 많아질 것이 아닌가! 이런 기회가 또 그 땅 전체를, 저 **헐몬산**이 있는 단까지 미리 답사(踏査)할 때가 아니겠는가?

그런데 신은 <그런 것>이 아니라고 한다.

이 후에 여호와의 말씀이 **환상**(幻像) 중에
아브람에게 임하여 이르시되
　"아브람아! 두려워하지 말라.
　　나는 네 방패요
　　<너의 지극히 큰 상급(賞給)**>이니라**"

After these things
　the word of the LORD came unto Abram
　in a **vision**, saying,
　"Fear not, Abram! **I am** thy shield,
　　and **thy exceeding great reward**."

그러나 그는 말한다. <당신이 말하는 그런 것>은
필요 없습니다.
　"나는 무자(無子)하오니, 나의 상속자(相續者)는
이 다메섹 [출신의] 엘리에셀이니이다."

아브라함의 아들 이삭을 위해, <이삭의 아내>를
구하려고 먼 길을 나섰던 **아브라함**의 <늙은 종>을
기억하는지……

그의 이름이 엘리에셀[אֱלִיעֶזֶר]이었다. 그의 이름을 게마트리아로 풀면 "318"이다.

엘리에셀로 대표되는 <318 명의 아들>을 자신의 후계자로 삼겠다는 것이다. 그들은 내가 낳고 기른 자식들입니다. "주께서 내게 **씨**를 아니 주셨으니" 그가(그들이) 나의 후사(後嗣)가 될 것입니다.

그런데 신(神)은 <묘(妙)한 말>을 한다.
"내가 너의 상급(賞給)이다." <내>가 바로 너의 보답(報答)이고 응보(應報)다! 그것도 <지극(至極)히 큰 상급>이다! 도대체 무슨 소리인가?

도대체 "<몸>에 있는 일"이 무엇인가?

하여튼 신은 이렇게 말한다.
"그 사람은 네 후사(後嗣)가 아니라.
<네 몸에서 날 자>가 네 후사가 되리라."

그날, 신(神)은 [아직 주지도 않은] 그의 **씨**에게 줄 땅을 가르쳐주며, <10 **부족(部族)의 땅**>이라고 말한다. [**읽는 자는 깨달을진저.**]

아브람은 난감했다. "아내 사래는 생산(生産)치 못하고" 또 <내 몸에서 날 자(者)>라……

아내에게 상의(相議)했다. 아내의 말인즉 "당신의 **씨**면 되니까……" 그래서 <**씨받이**>로 한 여인을.

[잘 아는 대로, 그 뒤 그 조용하던 집안에 작은 소리가 나기 시작했다. 아직 큰 소리는 아니었다.

그때까지 **사래**[나중 사라로 개명]가 갖고 있던 <TV **채널선택권**>에, 씨받이 여인이 뱃속 아이의 태교를 핑계대면서 낸 소리 말이다.

각자의 방에 한 대씩 설치하는 방법도 있겠지만, 그의 집은 장막[**텐트**]이어서 그렇게 할 수 없었다고 당시 <TV 설치 기사>가 알려주었다. 꿈속에서.]

신(神)이 보기에, 참 딱한 일이 아닐 수 없었다.
"<그런 뜻으로 한 말>이 아닌데……"
안 그래도 집안이 시끄러워 예민한 상태인데,
"화…… 홧 두 유 민!"
그는 <약간 더듬거리는 투로> 소릴 질렀다.

[여기서는 <주석(註釋) 수준의 설명>이 필요하다.
사실, **아브람**은 굉장히 화가 났다. 준다, 준다고 해놓고, 실제로는 주지도 않으면서…… 더구나 벌써 이순(耳順)도 훨씬 넘은 사람에게 자기 말귀도 못 알아듣는다는 말에,
"화난데, 부채질하는 거요!"라고 하려다가, 얼른 말을 바꾸었다.

"Wha…… What do you mean!"

그러나 <눈이 날카로운 후세의 신학자들>은 그가 화가 났다는 것에 거의가 일치한다. 그가 **홧**김에, **휫** 내지 **윗**이라고 발음해야 할 것을 **홧**이라고 했기 때문이다.

그리고 무엇보다 "!"가 "?"의 오류가 아니라는 설(說)이 지배적이다. 그는 단순히 "그, 그러면…… 당신의 뜻은 무엇이오니이까?"라고 묻지 않았고,

"(나는 화가 나 죽을 지경인데) 도, 도대체…… 무슨 소리요!"라고 했다는 것이다.

의문문(疑問文)이 아니라는 것이 그들의 일관된 주장이다. 나는 그런 주석을 읽을 때마다 참으로, 우리 <하나님의 말씀>은 일점(一點) 일획(一劃)도 틀림이 없는 것에 늘 감탄한다.]

각설하고, **아브람**의 나이가 99세가 되었으니, 그 아내는 90세였다. 그러나 <하늘이 무너져도 솟아날 구멍은 있는 법!> [실제로, <하늘이 무너질 일>은 거의 없다. <거의>가 아니라, 불가능이다. <텅 빈 것>이 어떻게 무너지겠는가!

그러므로 그것은 속담(俗談)이 아닌 속설(俗說)일 뿐이다.]

성경은 이런 말을 전한다. [아주 **중요하다! 정신
바짝 차리고 들어보자.** 다른 데서는……]

<흰한 대낮에> <대명천지(大明天地)에> [분명히
꿈은 아니었다.] <사람 셋>이 찾아와서 이런 말을
했다는 것이다.

"네 아내 사라가 어디 있느냐?"
"장막에 있나이다."
**"기한(期限)이 이를 때에
<내>가 정녕(丁寧) 네게로 돌아오리니
네 아내 사라에게 아들이 있으리라."**

이 말을 주방에서 몰래 듣고 있던 사라 할머니도
웃었다고 한다. 그깟 <송아지 요리> 한 사라(皿)에
축사(祝辭)치고는 농담도 심하지…… 하여튼 위의
말은 너무나 중요한 것이어서 성경도 반복해서 말
한다.

"사라가 왜 웃으며……
여호와께 능치 못할 일이 있겠느냐!

기한(期限)이 이를 때에
<내>가 네게로 돌아오리니
사라에게 아들이 있으리라."

186

도대체 "<몸>에 있는 일"이 무엇인가?

이쯤 되면, 우리는 저 유명한 칼릴 지브란의 시 (詩) 한 구절을 떠올리지 않을 수 없다.

"잠시, 바람 위로 한 순간 휴식(休息)한 뒤
또 다른 여인(女人)이 <나>를 낳으리라."

한 순간 휴식한 뒤, "**기한(期限)이 이를 때에**" – <생명의 때>에 – 사라가 **<나>를** 낳으리라.
  내가 곧 너의 그 지극히 큰 상급 즉 아들이니라.

<하나님이 나의 아들이다!> <하나님이 나를 통해 태어난다!> 이것이 성경이 우리에게 주는……
  [그것을 신의 내재성(內在性), 즉 **임마누엘**이라고 하며, 그것은 <내 속에 잠들어 있는 영성(靈性)을 깨우는 일>로 일어난다. <영성 수련> 말이다.]

<내[하나님]>가 곧 너의 아들로 태어날 것이다!

마태복음은 서두에서 이렇게 말한다.

"아브라함과 다윗의 자손(子孫)[νιου, son] 예수 그리스도의 세계(世系)라."

예수 그리스도, 그는 하나님이다.

아브라함의 자손[아들]이 누구인가? 이삭이다.

다윗의 자손[아들]이 누구인가? 솔로몬이다.

이삭, 솔로몬, 예수 그리스도는 기한이 이르면, 때가 되면 나타나는 <또 다른 "ㄴ">이다.

하여튼, 성경은 이 사건 전후(前後)에 아브라함도 웃었고, 사라도 웃었다고 한다. 그런데 사라는 웃지 않았다고 아주 잡아떼는 바람에, "웃었다." "웃지 않았나." 는 ㅗ <웃음 공방(攻防)>은 쌍방 산에 아수 중요한 것이어서 <일심(一審) 공판>만으로는 아마 해결하기가……

이삭이라는 말은, 잘 아는 대로, <비웃다> <조롱(嘲弄)하다> <웃음>이라는 뜻이다.

<귀하게 얻은 자식>의 이름치고는 너무 우습다. 그런데 그 이름은 신(神)이, 그들이 도무지 자신의 말을 믿지 않고 웃기만 하므로, 괘씸해서 그렇게 붙여준 것이어서, 괘씸죄의 시초는 <웃음>이라고 성경은 말한다.

"체호크 아사흐 리 엘로힘
　콜 핫쇼메아 이츠하크 리"

"하나님이 나로 웃게 하시니
　듣는 자가 다 나와 함께 웃으리로다."

　한때 성경을 열심히 읽을 때,
　<나중 나의 무덤 묘비(墓碑)에 한마디 적는다면,
써넣고 싶었던 글귀>였다.

　[남에게 <조롱당하는 것>, <비웃음거리가 되는
것>, 좋지 않은가!
　카시미르 쉐이비즘의 어떤 종파는, 일부러 조롱
당하려고 <조롱당하는 방법>을 가르쳤다고 한다.]

　노자는 말한다.

上士聞道 勤而行之(상사문도 근이행지)
中士聞道 若存若亡(중사문도 약존약망)
下士聞道 大笑之(하사문도 대소지)
不笑 不足以爲道(불소 부족이위도)

<뭔가 좀 아는 사람>　　　받아들입니다.
<그럴지도 모른다는 사람>　긴가민가합니다.
<웃기고 있네 하는 사람>　비웃습니다.
웃음거리 안 되면　　　　도라 할 수 없지요.

전에 『웃음의 신학』이라는 책을 읽은 적이 있다. 필자의 기억으로는, 그 책을 읽으며 전혀 **웃지를 못해서**, 책 제목을 생각하며 **웃은 적이 있다**.

그리고 저자의 절묘한 『웃음의 신학』에 찬사를 보냈다.

[<웃음이 없는 기독교>에 그런 책이 등장한 것은 분명히 좋은 일이다. 『그리스도교와 웃음』이라는 책과 더불어 기독교도들에게 추천하고 싶다.]

기독교는, 기독교의 신학은 그들의 신을 <심각한 신(神)>으로 만들었다. 그들의 신은 농담할 줄도, 웃을 줄도 모른다. 오로지 진지하고, 심각하다.

한마디로, <기독교의 영(靈)>은 심각한 영이다. 혹 왜 그런지 생각해 보았는가?

"거룩, 거룩, 거룩! 전능하신 주님!"
"Holy, Holy, Holy! Lord God Almighty!"

거룩하기 때문이다. <그들의 신(神)>은 거룩하다. 그들의 <거룩>은, 한마디로 <거룩하지 못한 것>과 분리(分離)되어 있어야 하는 무엇이다.

<속(俗)된 세상>과는 완전히 떨어져 있어야 하는

무엇이 거룩한 것이다. 바로 그런 생각이 그들을 <거룩하게>, <진지하게>, <심각하게> 만들었다.

<세상(世上) 사람>과는 구별되는 <선택된 심각한 백성>……

그러니 그들이 어떻게 웃을 수 있겠는가! 그들은, 설령 웃는다고 해도 <제한된 웃음>뿐이다.

하나님이 농담(弄談)을 한다고? 성경이 말장난을 하고 있다고? 있을 수 없는 일이다. 그러나 성경을 깊이 읽어보라.

수많은 <말장난>과 "Joke[농담, 익살]", "유머", 역설(逆說)이 그 속에는 있다. 저 <우주적인 농담> 까지 말이다.

☯

이제 또 <이삭의 이야기>라는 보따리를 풀어?

이삭은, 이름은 우습지만, 그렇게……
[큰 농담 뒤에는 진지한 것도 있어야지.]

이삭은 여러 우물을 팠다고 한다. <우물을 파도 한 우물만 파라>는 격언(格言)을 몰라서가 아니라,

타의(他意)에 의해 그렇게 팠다는 것이다.

　　여러 우물을 팠다……
　　그리고 파는 곳마다, 생수가 흘러나왔다……

☯

　　문득 **쉬바 수트라**의 한 구절과 그 해석(解釋)이
떠오른다.

"요소(要素)를 볶고, 가르고
　우주(宇宙)를 아우른다.

　이 경문은 <우리의 성장을 위해>, 어떤 것들을
함께 묶는 통합력(統合力)과 또 어떤 것들을 가르고
분리하는 분석력(分析力)…… 그리고 이 우주라는
<시간, 공간의 제약 때문에> 멀리 제거되었던 모든
대상을 의식으로 가져오는 힘이 생긴다고 한다.

　　다시, **예수**의 말이 생각난다.

　'그러므로 천국의 제자(弟子)된 서기관(書記官)
마다 마치 <새것>과 <옛것>을 그 곳간(庫間)에서
내어 오는 주인(主人)과 같으니라.'

천국의 제자(弟子)된 서기관(書記官), 즉 <영성 훈련을 한 저자(著者)들>은 – 이 책 **쉬바 수트라**의 저자 **바수굽타**를 비롯해, **탄트라**의 그 많은 방편을 일구어낸 사람들, 우리가 익히 아는 노장(老莊)과 승림(僧林)의 선장(禪匠)들, 신비주의자라고 부르는 **유럽**의 신비가들……

정경(正經)[Canon]이든 아니든 <성경을 짓고>, 재(再)-해석으로 <성경을 드러낸 이>들, 그 수많은 불서(佛書)의 저자들은 – 오늘도 그 곳간에서, 즉 꿈과 환상과 무의식(無意識)[**알라야-비갸나**, 아뢰야식(阿賴耶識)]에서 – <옛 것>과 <새 것>을 내어 와 분석하고 통합하며……

동서고금(東西古今)으로 종횡무진(縱橫無盡)하며, **우주(宇宙)를 아우른다.**"

☯

이삭은 **땅**을 파서 생수(生水)를, <생명의 물>을 길어 올린 사람이다.

나중 **예수**는 "나를 믿는 자는 그 **배**에서 생수의 강이 흘러나온다."고 했다.

이 <끝없는 이야기>를 정말 계속해?

[필자는 <이삭이 어쩔 수 없이 여러 우물을 팔 수밖에 없었지만, 파는 곳마다 샘물을 얻었다>는 이 이야기를 대할 때마다 <무한한 위로>를 얻는다.]

3. 소걸음 - "온유한 자, 복이 있나니"

기독교의 누군가가 했던 말이 생각난다.

<나는 겸손하다>고 생각하는 것이 가장 큰 교만이라고.

그리고 어떤 선사의 말도 생각난다.

자신을 평범한 사람이라고 여기는 사람이 가장 비범한 사람이라고.

그러니 필자도 한마디 해야지.

자신을 속물(俗物)로 여기는 사람이 가장 거룩한 사람이고,

<거룩하지 않게 보이는 신(神)>이 사실은 <가장 거룩한 신>이라고 말이다.

☯

소걸음! 우보(牛步)……

"牛步千里(우보천리)"

"虎視牛步(호시우보)"

"소걸음에 쥐 잡는다."

이 책은 당연히, **소**에 대한 <잡학(雜學) 사전>이 아니다.

그러니 <소에 대해서> 진짜 뭔가를 알아보려면, 스마트폰이나 인터넷을……

☯

하나님은 <[그런] 말씀>이 아니다!

"**파라 바크**" 즉 <언어 이전(以前), 이전, 이전의 **그 무엇**>, 그것이 로고스[λογος]의 원래 의미다.

오늘도 일요일이면 – 아니, 일요일만이 아니다. – 한국의 수많은 곳에서는 <하나님은 말씀>이라는 그 번역을 따라, 수많은 <하나님의 말씀[설교]>이 쏟아진다.

우리는 얼마나 많이 성경과 떨어져 있는가!

나는 기독교 목회자들이 <사도성>(?)을 내세우며, 마치 <신과 인간의 중개인> 혹은 영매(靈媒) 같은 짓거리를 하는 것은 그만두기를 바란다.

우리 각 사람에게 꿈으로, 환상으로 말씀하시는 하나님과의 교통(交通)이 기독교의 요체(要諦)다.

교회에서 배우는 것은 <말>, 설교(說敎)가 아닌, 침묵(沈黙) 내지 묵상(黙想)이어야 한다.

그러나 <직업적인 종교가>들은 그렇게 하는 것이 어려울 것이다. 어떻게 그렇게 할 수 있겠는가!

그들의 직장(職場)이 교회이기 때문이다. 그러니 직업도 없이 굶고 있겠는가?

그들이 진짜 <하나님의 사자(使者)>라면 교회서 주는 생활비 안 받아도, <그들을 보낸 그 자(者)>가 <까마귀를 통해서라도 떡과 고기를 물어다주게 할 것이다.>

그렇지 않거든, 그런 <무능(無能)한 자>의 종은 되지 않는 것이 낫다. 다른 유능한 신도 많다.

[나는 <교회 안에만, 기독교 안에만 갇혀 있는> 그런 하나님은……

피눈물을 머금고…… 교회(敎會)를 그만두어야만 했다는 것을 고백(告白)한다.]

이제 <형식적인 종교>는 차츰 힘을 잃을 것이다. 적어도 한국에서는. 이제 <교회 부흥[성장]> 등의 <[그런] 종교 현상>은 **교육이 제대로 된 곳에서는** 발을 붙이기가 점점 더 힘들 것이다.

이제 <(그런) 종교 [산업] 현상>은 쇠퇴할 것이고, 대신 <영성 과학>이 다가올 것이다. 그런 조짐은 이미 곳곳에서……

그러나 **그럼에도** 필자는 **교회가 있기를 바란다.**
단지 지금보다는 <전혀 다른 질(質)>로서 말이다.

　[잘 아는 대로, 불교(佛教)의 <(수행) 공동체>인
승가(僧家)는 **붓다** 즉 불보(佛寶)와 **다르마** 즉 법보
(法寶)와 함께할 때 온전하다.]

☯

<온유(溫柔)한 자>가 복이 있나니
저희가 땅을 기업(基業)으로 얻을 것이요

　교회(教會)는 <**영성 수련의 공동체**>로서 이 땅에
있어야 하고, 우리는 땅을 기업으로 얻어야 한다.

　"온유한 자가 땅을 얻는다."

　땅을 차지하는 자는 <핵무기 정도의 무력(武力)을
가진 자들>이나 <성질(性質) 급한 자들>이 아니라,
온유한 사람들이라고.

　[아무리 봐도 과장(誇張)이 심하거나 거짓말이다.
한 뼘의 땅을 지키기 위해 얼마나 많은 젊은이들이
피를 흘렸는데……]

　온유한 것이 어떤 것인가?

<온유한 자>의 "the meek"은 <mild[온순한]>, <gentle[점잖은]>의 뜻과, 또 <굴종적(屈從的)인>, <기백(氣魄)이 없는[spiritless]>의 뜻도 있다.

헬라어 프라에이스[πραεις]라는 말에는 <가난한, 괴로움을 당하는, 겸손한, 온유한>의 뜻이 있다.

그러나 히브리어(語) <아나우[ננו]>는 <억눌리고, 속임을 당하고, 착취(搾取)를 당하나 이에 무방비인 무력(無力)한 사람>을 말한다.
[그것이 성경에서 <히브리인>이라는 의미이기도 하다. <출애굽기>를 자세히 읽어보라.]

한마디로, <**힘없고, 바보 같은 사람**>을 말한다. 그들이 어떻게 땅을 얻겠는가! 얻은 땅도 잃겠다.

<온유(溫柔)한 자>가 복이 있나니
저희가 땅을 기업(基業)으로 얻을 것이요

아무래도 여기서의 땅은 <우리가 생각하는 땅>은 아닌 것 같다. 그러면 무슨 땅이겠는가?

<필자가 그렇게도 말하는 것>, **비갸나 바이라바**에서부터……

"1. 저 <자유의 **땅**>, 내면의 하늘을 찾아서"라고 하면서 필자는 그 책을 시작했다.

그리고 그 **땅**을 **기업**(基業)**으로** 얻으려면

"2. <머리> - <생각하는 일>, 마음, <나>라는 것"을 떠나
[생각하지 않으면, <힘없는 사람> 된다.]

"3. <가슴> - <느끼는 무엇>, 사랑이 숨 쉬는 곳"을 지니
[느끼고 다가가면, <바보 같은 이> 된다.]

"4. <배> - <있는 것>, **탄트라의 세계**"라는 **땅**에 도달할 수 있다고 했다.

아니면, <**젖과 꿀**이 흐르는 **땅**>도 좋다.
불국토(佛國土)도 물론 좋다.
[광개토(廣開土)는 좋지 않다. <땅(밭흙)을 넓게 열어젖히는 일>은, <경운(耕耘)하는 것>은 땅속의 벌레들에게는 천지개벽하는 사건으로, 좋지 않다고 한다. <자연(自然) 농법>에 의하면……]

제 6 장

우각(牛角) - 쇠뿔

1. 선(善)과 악(惡)의 심리학
2. <영성 과학(靈性科學)>
3. "그 무엇"을 어떻게 느낄 것인가? - 탄트라

화두(話頭) 여섯.

이 말씀을 깨닫는 자마다 결코 죽지 아니하리라.

1. 육체가 영(靈) 때문에 탄생했다면
   그것은 기이(奇異)한 것이나
   영(靈)이 육체 때문에 탄생했다면
   그것은 지극(至極)히 기이하니라.

2. <감추어진 것>이 드러나지 않을 것이 없고
   <숨은 것>이 나타나지 않을 것이 없느니라.

※ 영(靈)은 영(零)["0", 순야] 즉 공(空)을 말한다.

탁발승(托鉢僧)이 어떤 절에 가게 되면, 그곳에 사는 승려와 먼저 <붓다의 가르침>에 관해 논쟁을 해서 이겨야만 그 절에 남아서 살아갈 수 있었다.

만약 그 <떠돌이 중>이 지게 되면 거기서 떠나야 했던 것이다.

옛날 어떤 절에 두 형제 승려(僧侶)가 함께 살고 있었다. 형은 뭔가 좀 알았지만, 동생은 그러지를 못했고 <눈도 한쪽밖에 없었다.>

어느 날 <떠돌이 중> 한 사람이 와서 묵어가기를 청하면서 <가르침>에 관한 논쟁에 도전하였다.

형은 그날 공부를 하느라고 피곤하여, 동생에게 대신 토론을 하라면서 단단히 주의를 주었다.

"가서 <아무 말 말고> 대화(對話)를 하거라."

그래서 동생은 <나그네 중>과 법당으로 들어가 마주 앉았다.

잠시 후 나그네는 형을 찾아 이렇게 말했다.

"스님의 아우님은 참으로 놀라우신 분이더군요!

그분이 이기셨습니다."

형이 말했다.

"두 분이 무슨 말씀을 나누셨는지, 혹 저에게도 알려주시겠습니까?"

"그러지요."

나그네가 설명(說明)했다.

"먼저 저는 손가락 하나를 들었습니다. **붓다** 즉 <깨달은 이>를 상징한 것이지요. 그랬더니 아우님께서는 손가락 두 개를 들어 올리셔서, <부처님>과 <그 가르침[법(法)]>을 말씀하시더군요.

그래서 저는 손가락 하나를 더 펼쳐서 <불(佛), 법(法), 승(僧)> 셋을 말했습니다. 그랬더니 그분은 저의 얼굴 앞에서 주먹을 불끈 쥐시고는 <무언가 아주 중요한 것>을 말씀하시는 듯, 저를 노려보며 숨을 헐떡이셨습니다.

불법승(佛法僧)은 곧 **<트리무르티[삼위일체(三位一體)]>** 로, <세 손가락 모두가 그 주먹처럼 하나의 큰 깨달음에서 온다>는 아주 엄중(嚴重)한 말씀을 하신 것입니다.

아우분이 이기셨으니, 저는 그만 떠나겠습니다."

나그네가 떠난 후, 곧 동생이 화난 얼굴로 달려
왔다.

"그 놈, 어디 있어?"

"네가 논쟁에서 이겼더구나!"

"그건 이긴 것도 아니야. 그 놈을 아예 때려눕힐
참이었어."

"논쟁의 주제가 뭐였는데?"

형이 물었다.

"그건 알아서 뭐하게. 그 녀석은 나를 보자마자,
손가락 하나를 드는 거야. 눈이 하나밖에 없다고
나를 무시(無視)한 거지.

그래도 나는 녀석이 손님이니까 정중히 대하려고
손가락 둘을 들었어. 그럼, 당신은 두 눈을 온전히
가졌다고 말이야.

그랬더니 그 예의범절도 없는 놈이, 글쎄 손가락
세 개를 들어 올리는 거야. 형과 내가 사람은 둘이
지만 눈은 세 개밖에 없다고 말이야.

너무나 화가 치밀어 이 주먹으로 그 녀석을 때려
눕히려고 하는데, 녀석이 뛰어나가더라고."

1. 선(善)과 악(惡)의 심리학

약 이십 년 전, 미국의 정신과의사 **스콧 팩**이 쓴, 『거짓의 사람들』이라는 책을 재미있게 읽은 기억이 있다. 부제(副題)가 <악(惡)의 심리학>이었던 것도 같다.

☯

<갈릴리 바닷가의 그 새벽>을 기억하는가?

요한복음의 마지막 장을 기록한 기자는 그것을 굳이 <디베랴 바다>라고 부른다. 우리는 그런 것도 그냥 넘겨서는 안 된다.

갈릴리는 히브리어로 그냥 <둥글다>는 뜻이다.

디베랴[Τιβεριας]는 <지켜보다>, <지키다>는 뜻으로, **로마** 황제 **티베리우스**[Τιβεριος, <좋은 관찰(觀察)>]를 기념하여 세운 도시다.

<눈치 빠른 독자(讀者)[**읽는 자**]>라면 벌써 무슨 말을 하려는지……

그 새벽에 <밤새도록 아무것도 잡지 못한 일곱 사람에게> "153"이라는 **무언가를 얻을** 것을 암시한 예수는 이제 대표 선수 베드로를 향해, 같은 말을 **세 번**이나 묻는다.

[무슨 <신입사원 면접시험>도 아니고, 요즘 유행하는 오디션인지 뭔지 하는 것도 아닌 것 같다.

내가 보기에, **<교회의 수장(首長)>으로 임명하여 목양(牧羊)하라는 말은 더욱 아니다!**

자신을 **<세 번** 배반(背叛)한[부인(否認)한] 자>를 용서하는 장면으로는 그럴 듯하지만······]

"요한의 아들 시몬아!
네가 [이것들보다] 나를 [더] 사랑하느냐?"

"요한의 아들 시몬아!
네가 나를 사랑하느냐?"

"요한의 아들 시몬아!
네가 나를 사랑하느냐?"

마태복음의 저 <요나의 아들 **시몬**>이 여기서는 <요한의 아들 **시몬**>으로 바뀌었다.

요한[Ιωάηες]은 <여호와[神, 하나님]가 사랑하는 사람>이라는 뜻이다.

"<하나님이 사랑하는 **사람**>의 아들, 시몬아!

　<네[사람]>가 <나[하나님]>를 사랑하느냐?"

　아가페든 필레오든 그냥 <사랑하다>는 의미이다.

　그런데 사랑에도 종류가 있고, 등급이 있다?

　그것은 <진짜 사랑>을 안 해본 사람들의 말일 뿐이다.

　사랑은 그냥 사랑이다.

　사랑은 그 자체가 전체(全體)인 **생명**(生命)이다. 전체를 나누면, 거기에는 <죽은 것>만 있을 뿐이다.

　"하나님은 사랑이시라."

　<하나님[사랑]>을 나누고 자르면, 그것은 죽는다.

　그래서 <나누고 자르는 일을 하는 과학(科學)>이 신(神)을 못 본다는 것은 잘 아는 바다.

　"내 어린 양(羊)을 먹이라."

　"내 양(羊)을 치라."

　"내 양(羊)을 먹이라."

　그래서 요약(要約)하면 다음과 같다.

(1) 예수님 = 그리스도, 즉 하나님[신(神)]의 아들.

　　그러나 현재는 <저 멀리 있는 자>로,

　　<무능(無能)하거나 게으른 자>임에 틀림없다!

(2) 베드로 = 사도(使徒)의 대표자.
　　그의 후계자로, 교황(敎皇)과 사제(司祭)들,
　　또 개신교의 목사(牧師)들이 있다.
　　이들은 목양(牧羊)과 그 권리를
　　<무능하거나 아주 게으른 자>로부터
　　이때부터 위임받았다고 주장한다!!

(3) 양(羊) = 평신도.
　　말 잘 듣는 신자(信者)
　　[가끔, 말을 잘 듣지 않는 양도 있다고 한다
　　백 마리 중에 한 마리 수준으로 있다지, 아마.]

　이 계급 구도(構圖)는 거의 2,000년 동안 이어져오고 있다. [앞으로도 영원(永遠)할 것이다. 어떤 <변화의 영(靈)>이 움직이지 않는다면 말이다.
　<변화의 영>은 "**새롭게 하소서!**"의 <**나를 새롭게 하는 영(靈)**>을 말한다. 영은 **바람(風)**이다.]

　그런데 성경을 좀 깊이 읽으면, 뭔가 다른 것이 보인다.
　양(羊)은, 특히 <어린 양(羊)>은 **그리스도의 상징**이다. 아브라함이 어렵게 얻은 자손[**씨**] <이삭[즉, **지극히 큰 상급(賞給)**인 하나님 자신]>을 불태워 죽이려고 할 때부터 그를 대신하는 무엇이다.

208

여기의 양(羊)은 평신도(平信徒)가 아니다!!!

"시몬아!
　＜네 속에 있는 신성(神性)＞인 내 어린 양(羊)을 먹이라."

　네 속에 있는 내 양(羊)인 신성을, 영성(靈性)을 길러다오. 시몬아! 제발 부탁(付託)이다.
　네 이름이 곧 ＜들어준다＞는 시몬이 아니더냐?
　제발, 나의 이 말이 네 귀에 들리기를 바란다.

　시몬아! 시몬아! 시몬아! [제발, 들어라!]
　신성(神性)이 네 속에서 굶주리고 질식(窒息)하고 죽어가고 있다. 제발, 부탁(付託)이다.
　[아니, **아버지**[시몬]**여!**
　＜**내 영혼**＞**을** [내 어린 양을, 신성(神性)을]
　아버지[시몬 당신]**의 손에 부탁(付託)하나이다.**]

　네 영성이 곧 내 양(羊)이고, 그것이 곧 "**나**"다.
　그 어린 양을 먹이고 기르면 네 영성은 ＜앞으로 나아갈＞ 것이다. 그 양을 계속해서 치라.

　어린 양(羊)으로 번역된 아르니아[αρνια]를 요한 계시록에서는 이렇게 말한다.

어린 양(羊)이 나아와서
<보좌에 앉으신 이>의 오른 손에서
책(冊)을 취(取)하시니라.

또 **양**(羊)으로 번역된 프로-바타[προ-βατα]는
<앞으로[pro] 걷는 것>을 말한다.
신성(神性)은, 영성은 <앞으로만 나아간다.>
신(神)에게 퇴보(退步)가 있겠는가?

그것이 여기서 말하는 양(羊)이다.
<어리석은>, <말 잘 듣는> 평신도가 아니다.

여기의 이야기는 베드로에게 목회와 선교(宣敎)의
사명을 준 것이 아니다.
선교는 그 뒤의 일로, "**오직 성령**(聖靈)**이 너희
에게 임**(臨)**하시면**"일 때이다. 성경을 자세히 읽어
보라.

또 목양(牧羊)과 목회(牧會)에 관한 것이라면, 저
말쟁이 바울의 <목회서신>으로도 충분하다. 그것은
훗날 바울의 말이고, 주님의 말씀은 이것이라고?
[우리는 그저 <자신에게 유리(有利)**하게>만 생각
하려고 하고, 그리고 한 번 입력**(入力)**된 것은……
그것이 <인간의 심리**(心理)**이고 마음>이다.]**

여기 이 이야기는 <영성 수련>의 이야기다.
그것이 요한복음의 목적에도 맞다.

"오직[오로지] 이것을 기록(記錄)함은……
　너희로 <생명(生命)>을 얻게 함이니라."

그러나 베드로라는 시몬은 석두(石頭)였던지 잘
알아듣지를 못한다. 베드로는 곧 바위, 반석(磐石)
이라는 뜻이다. [필자도 **바우**라고 하는데, 잘 알아
듣지 못하는 면에서는 둘 다 딱 맞는 이름이다.]

나중 세월이 흘러, 그 요한의 아들 시몬은 그의
편지에서 이렇게 고백(告白)한다.

"오직[오로지] <마음에 숨은 사람>을……
　이는 <하나님 앞에 값진 것>이니라."

☯

현대의 한국인에게 성경은 무엇인가?

<[그냥] 교회를 다니는 [수준의] 사람들>과 또
<예수를 믿[으려]는 [수준의] 사람들>에게, 그것은
맹신(盲信) 내지 과신(過信)의 대상이고,

<기독교도가 아닌 일반인[무신론자(無神論者)]들>에게, 그것은 불신(不信) 내지 과신(寡信)의 물건일 뿐일 것이다.

아니다!
성경은 바로 <나에게 일어난 일>, <나에게 일어나는 일>, <나에게 일어날 일>을 말하고 있다.
예수[그리스도]는 <이천 년 전 저 멀리에 살았던 어떤 사람>이 아니다.
바로 <오늘을 살고 있는 나>일지도 모른다.
[그리고 이것은 불교의 **붓다**에서도 똑같다.]

우리는 그것을 **<정당(正當)하게>** 믿어야 한다.
맹신(盲信)도 불신(不信)도 아닌, **정신(正信)으로** 말이다. [정신(精神) 없는 이가 아니라면.]

이 책은 기실,
"성경에는 그런 **말**이 없는데…… [엉터리다!]"
"일점(一點) 일획(一劃)도 틀리지 않는 것이 우리 <하나님 **말씀**>인데……"
라는 사람들을 위한 것이 아니다.
[그런 사람들은 필자의 말을 <지가 복음>이라며 일축(一蹴)한다. 그런 사람들에게, 이 책은 쇠귀에 경(經) 읽기일 뿐이다.]

<말과 문자의 근원(根源)>도 알려고 하지 않는 사람들을 향해서 필자는 이야기하고 있지 않다.

그러나 그들도 언젠가는 **마트리카**를 이해하고, **파라 바크**[<"속에서 말하는" **그 무엇**>(마10:20)]를 느낄지도 모른다.

하지만 영성(靈性)은 그렇게 쉽사리 이루어지지 않는다. 그것은 성경이 말하는 대로, **제나**는 죽고 **얼나**로 부활하는 일이다.

그런데 **<죽는 일>이 쉬운 일인가?**

<죽는 일>은, 실제로, 거의 불가능이다. 그래서 절망(絶望)하는 것이다.

☯

나는 **<소와 참나 이야기>**를 하면서 **<벧세메스로 가는 암소> 이야기를 빼놓을 수가 없다.**

어떻게 빼놓을 수가 있겠는가!

옛날 이스라엘 사람들이 블레셋[팔레스타인]과의 전쟁에 져서 법궤(*法櫃*)를 빼앗겼다.

법궤는 <신의 말씀[십계명]> 등이 보관된 **진리** 혹은 **실재**의 상징이다. 한마디로, 이스라엘이라는 <국가 정체성(正體性)>의 상징이다.

그런데 그것을 **빼앗아갔던** **블레셋** 사람들에게, 그것 때문인지는 몰라도, 자꾸 재앙(災殃)이 생기는 것이었다.

그래서 그들은 이 <재수 없는> 문화재(文化財)를 반환하려고 했다.

그들은 새끼 딸린 암소 두 마리를 골라, 새끼는 떼어두고 법궤가 실린 수레를 메워서, 골칫덩이를 돌려보내기로 꾀를 냈다.

물론 그 달구지를 모는 농부도 없이 그냥 보내는 것이었다. 만약 새끼를 찾는 본능으로 돌아오거나, 아니면 두 마리가 끌므로 옆길로 간다면, 그것은 그 법궤 때문이 아닌 것으로 판명될 것이다.

그러면 저 <황금(黃金)으로 된 문화재> 반환은 중지…… 다시 **블레셋** 박물관으로……

성경은 그 소들이 <벧세메스로 가면서> 좌우로 치우치지 않았다고 기록하고 있다.

[이것은 **비갸나** **바이라바**에서 약간 언급했다.] **벧엘**은 <하나님의 집>이고, **벧세메스**는 <태양의 집>이란 뜻이다.

<태양(太陽)의 집>이 무엇인가?

태양은 하늘에 있다. <하늘>이 그의 집이다. 저 <무한(無限)의 우주> 말이다.

저 <[무한의] **우주[벧세메스]로 가는 소**>라……

우리 눈[카메라]의 렌즈를 <줌 아웃>하면서, 그 **소달구지**를 보자. 그것이 좁쌀처럼 작아지고, 이제 지구(地球)가 좁쌀처럼 작아진다. 태양도 작아지고, 저기 은하수(銀河水)도 도랑물로 보이고……

그 **소달구지**가 좌우(左右)로 치우친다고? 거기가 거기다. 뒤돌아간다고? 거기가 거기다.

잘 아는 대로, 우주(宇宙), 저 무한의 허공에서는 방향이 없다. 상하좌우(上下左右)가 없다.

좌우가 없으니, 중도(中道)도 없다.

[그것은 단지 <우리의 좁은 마음을 위해> **붓다**가 지어낸 말일 뿐이다. 우는 아이 달래려고 말이다.]

<법궤>라는 **진리(眞理)** 혹은 **실재(實在)**를 실은 <나의 이 **소달구지**>는 완전히 자유다. 어디로 가든 앞이고, 뒤이다.

그것이 무한의 자유, 온전한 자유, **절대 자유**다. 스와탄트리야!

그 신성의 자유가 우리가 **소**걸음처럼 뚜벅뚜벅 걸어가야 할 길이다. 저 <**자유**(自由)의 땅> **내면의 하늘**로 말이다.

2. <영성 과학(靈性科學)>

角者無齒(각자무치)······
<뿔이 있는 짐승은, 대신 날카로운 이가 없다>는
뜻으로, 사람이 모든 복(福)을 다 갖지는 못한다는
말이다.

소는 암수 모두 뿔이 있는데, 두부(頭部)의 뼈가
뻗은 것으로, **그 안은 공동(空洞)으로, 비어 있다.**

뿔은 다른 짐승의 공격을 방어하기 위한 무기로
도움이 된다.
<소가 뿔로 호랑이와 싸우며, 그 주인을 자신의
네 다리 안에 넣어서 지켰다는 이야기>는 어릴 적
들어본 얘기일 것이다.

[이런 유(類)의 <소 싸움> 이야기는 언제 들어도
좋다. 그러나 투우(鬪牛) 이야기는······
스페인 이야기든, 경상북도 청도(淸道) 이야기든,
필자에게 그것은 <우리 마음의 광기(狂氣)>를 보는
것 같다.]

☯

<엄마가 뿔났다!>
<쇠뿔은 단김에 빼라!>

뿔, 쇠뿔은 <영성(靈性)을 다루는 곳>에서는 보통 <영적(靈的)인 힘>, 즉 영성(靈性)을 상징한다.

서양의 조각 작품에서도, 우리는 모세의 머리에 뿔이 나 있는 것을 볼 수 있다.

<영적인 힘>, <우주적인 힘>, <신성(神性)의 힘>, 즉 **샥티 차크라** 말이다.

저 시인(詩人) 곽암선사는 말한다.

"위풍당당 저 뿔을 그릴 수가 없구나!"

그리고 성경은 말한다.

내 마음이 여호와로 말미암아 즐거워하고
내 **뿔**이 여호와로 말미암아 높아졌으니

여호와[즉 <하늘>, <삶>, <존재계>]께서
<그 사랑하시는 자>의 **뿔**을 높이시리로다

영성(靈性)이 무엇인가?

누군가는 영성을 이렇게 말했다.

종교(宗敎)는 "어린 새와 다친 새를 기르고 치료한 후 그 새장 안에 계속 가두어두는 것"이고,
영성(靈性)은 "어린 새와 다친 새를 기르고 치료한 후 새장 밖으로 내보는 것"이라고 말이다.

한마디로, 인간을 <의존적(依存的)이게 하느냐, 자립적(自立的)이게 하느냐>로 구분할 수 있다는 것이다.

또 이런 말도 있다.
"종교(宗敎)에서는 [다른 누군가의] 해석(解釋)이 중요하고,
영성(靈性)은 [자기 자신의] 경험(經驗)이 중요한 것"이라고 말이다.

<어린 영혼>에게는 종교(宗敎)라는 울타리가 꼭 필요하다. 그러나 장성(長成)한 사람이 되어서는 <어린 아이의 일>을 버리는 것도 꼭 필요하다.

그렇지 않으면, 우리가 <유치(幼稚)해지기> 때문이다. "child-like"가 아닌 "childish" 말이다.

☯

기독교에서는 기도(祈禱)를 <하나님과의 대화>로 여기며, 마치 호흡(呼吸)과도 같다고 말한다.
그래서 **쉬지 말고 기도하라**는 말이 있다.

나는 기도(祈禱)를 <무의식의 의식화>라고 한다.
[이것은 중요하므로 한 번 더 다룰 것이다.]

무의식(無意識)의 의식화(意識化)……

그것은 [우선] <꿈과의 대화>를 말한다.
어떤 꿈을 꾼다. 그리고 나는 그것을 이해하려고 한다. 일단 <그런 뜻[의미]>이라고 받아들인다.
만약 그것이 틀리면, 같은 주제의 꿈은 반복된다. 맞으면 꿈은 진행(進行)된다. 앞으로 나아간다.

그리고 다른 꿈을 꾼다. 그리고 그것도 이해한다. 그렇게 꿈이 말하고 나는 또 이해함으로 응답한다.
그렇게, 꿈 즉 무의식과의, 즉 하나님과의 대화는 계속된다.

그러나 이것은 말이 쉽지, 그렇게 쉽지 않을 것이다.

<꿈을 기억하는 것>부터가 당장 문제인 사람도 있을 것이다. 그러나 "나는 꿈을 기억할 것이다!"며 약간의 긴장만 하고 잠들면, 그것은 쉽다.

한번 해보라.

꿈 <해석(解釋)을 어떻게 하느냐>고?

사실, 그것이 문제다!

시중의 <해몽 사전(解夢辭典)>으론 물론 안 된다! 그것은 영어의 "translation"도 아닌, 어린아이들의 장난일 뿐이다. 돼지꿈을 꾸고 복권(福券)이나 사는 그런 수준의 짓거리 말이다.

아니다! 안 된다! 우리가 영적으로 성장하려면 <나의 꿈>을 다르게 보아야 한다!

성경은 말한다.

해석(解釋)[Interpretation]은 <하나님>께 있지 아니하니이까?

오직 <은밀(隱密)한 것>을 나타내실 자(者)는 하늘에 계신 하나님이시라.

<꿈을 다루는 곳>은 많다.

꿈을 – 정신 현상을 – 좀 더 깊이 공부하고 싶은 분들에게는, C. G. 융의 『기본 저작집』을 추천한다.

전(全) 9권이다. 그것이 힘들면, 서두에서 추천한 『인간과 상징』만이라도 읽고 공부하라.

하여튼 꿈 해석 때문에, 그렇게 걱정하지 말라. **어디선가 도움이 온다.**

어디선가 도움이 온다는 것조차도, 필자는 꿈이 가르쳐 주었다. 꿈이 꿈을 풀어주면서, 정말이지, <아부섯도 모르는 나>를 이끌어 가고 있다.

필자가 <영적 체험>이라 할 경험을 한 그 즈음의 꿈일 것이다. [1996년인 것 같다.]

그때쯤부터 나는 태몽(胎夢)이 아니더라도, 꿈은 <무의식(無意識)이 나에게 무언가를 알리려고 하는 것>으로 여기게 되었다.

"팔공산(八公山) 산 속에 **호텔** 같은 것이 있었고, 나는 (그곳에 소풍을 갔고) 2층을 예약한 것 같다.

그런데 값이 비싸서인지 거기서 자지는 못했고, 아마도 그 옆에서 **텐트**를 치려고 했던 듯하다.

그곳에서 내려오는 길이었는데, 무당(巫堂)들의 푸닥거리 물품들이 산의 군데군데 널려 있었다.

나는 멀리서 그 호텔을 보았다.

그때 거기서 L의 <장인(丈人)의 얼굴>이 갑자기 나를 노려보며 공중(空中)에서 나타났다. 나는 그가 무당(巫堂)이라는 생각이 그냥 들었다.

그 얼굴의 <두 눈>이 무섭도록 나를 노려보았다. 너무나 섬뜩하였다.

그 눈을 마주보기가 엄청 두렵고 무서웠다. 나는 그 시선(視線)에서 벗어나고 싶었다.

그때 허공(虛空)에서 손잡이가 적당한 간격으로 내 앞에 달려 있었다. [마치 버스나 지하철 천장에 달려있는 손잡이 같이.]

나는 그것을 한 손 또 한 손으로 건너 잡으면서, 그 무저갱(無底坑) 같은 곳을 건널 수 있었다."

[잠을 깬 후에도 얼마나 무서웠는지⋯⋯]

☯

지금의 나는, 꿈이 무엇을 말하면, 그대로 밀고 나간다.

처음에 왜 망설임이 없었겠는가! 누구든 망설일 것이다. 우리는 우선 <나의 이성(理性)>을 설득해야 한다! 그러면 그것은 <"**나**"를 죽이는 일>이 된다.

<어떤 꿈과, 일어나는 어떤 사건(事件)>을 **때로는** 그냥 우연(偶然)으로만 넘기지는 않는다는 말이다.

필자는 2014년 6월 북유럽 여행 중 <어떤 꿈>을 꾼 후, 이 책을 쓰기로 결심했다.

"**2014년 6월 10일 화요일**

[9~10일, 스웨덴에서 핀란드로 가는 <실야라인> 여객선에서 새벽에 꾸다.]

1. 시은(示恩)이가, 아내의 얘기로는, 실제는 <어떤 공부하는 곳>에 가지 않았다고 한다.

나는 <**말을 못하는 시은이**>를 ― <창백(蒼白)하고 바보 같은> ― 안고 격(激)하게 울었다.

'이제는 네가 하고픈 걸 하라.'고 말하면서 잠을 깼다.

2. 꿈속에서 "**呂**" 자(字)가 결론처럼 뚜렷이 남다.

[잠속에서의 해석은 "ㆍ"는 <하늘>이고, "ㅁ"은 <입>으로, <하늘의 입>과 <땅의 입>, 두 입이 하늘에서 만나는 것으로 생각했다.]

3. 그날 아침, <실야라인> 선상(船上)의 조식(朝食) 식탁 번호가 '216'이었다. 그 식탁은 아내를 따라 그냥 앉았는데, 실은 우리의 좌석이 아니었다."

시은(示恩)이는 필자의 큰아이다. 나는 기독교를 <계시(啓示)와 은혜(恩惠)의 종교>라고 정의한다.

그래서 첫아이 이름을 그렇게 지었다. 이번 생을 한국 땅에서 기독교로 시작한 것인데도, 나는 너무 무심했던 것 같다. [아마도 <지난날의 아픔> 때문일 것이리라.]

그래서 이 책에서는 <성경의 이야기>를 고려할 수밖에 없었다. **<성경이 우리에게 하고픈 이야기>** 말이다.

그리고 그 후 <리브가의 유모(乳母) 드보라>의 이야기를 다 썼을 때, <합천(合天)의 집[벧엘]>에서, 다음의 꿈을 꾸었다.

"나는 **잃어버린 신발** 때문에 다른 사람의 구두를 우선 신고 있었다. 아무래도 새 구두를 사야겠다는 아내의 말을 듣고, 새것을 사기로 했다.

시장에서 [필자의] **세 아이가** 엄마의 돈을 받고 '마음대로 사먹으며 놀아라.'는 말에 **신(神)이 나서 어떤 가게로 들어가는** 장면이었다."

[**세 아이**는 그 이름 등으로 **비갸나 바이라바와 쉬바 수트라**, 그리고 <이 책>을 의미할 것이다.

물론 <다른 해석(解釋)>도 가능하다.]

그리고 그날 나는 합천 집 **소**나무 밑에 있던 그 못난 <그리스도 바위>[필자가 전에 그렇게 불렀다.] 위에 수 년 동안 덮여 있던 **아이비** 넝쿨을 벗겼다.

마치 <가시관(冠)>처럼 덮여 있었던 것인데, 그냥 정원을 손질한다는 것이 우연하게도 말이다.

☯

샤르트르는 "(우리가) <신(神)을 이야기하지 않기 위해>, 신을 믿었다. 종교(宗敎)는 참으로 편리한 것이었다!"고 했다.

이제 우리는 <신(神)을 만나고, 그에게 물어야 할 때>다. 그러나 그것은 <편리한 종교>를 통해서는 결코 아니다.

<영성 과학(靈性科學)>은 누구나, 언제 어디서나 접근할 수 있는 것이다.

배운 것이 없어도……

[사실, 정말이지 <배운 것>이 장애물이고 걸림돌이다. 학교에서 배웠든 교회에서 배웠든.

"지식(知識)은 속박이다."는 말처럼 말이다.]

3. "그 무엇"을 어떻게 느낄 것인가? - 탄트라

Analogia Entis   존재의 유비(類比)
Hic Nunc   지금 & 여기
Religio   종교(宗敎)

중세 스콜라 철학의 영원한 모토(motto)다.

어떻게 "신(神)의 뜻"을 알 것인가?

성경은 망설임 없이 <간단하게> 말한다.

"(1) 꿈, (2) 우림, (3) 선지자(先知者)"라고.

일요일 교회에서 듣는 설교(說敎)나 <신앙 상담>, 그리고 소위 현대의 <심리 상담>이 아니라고 한다.
그런 것으로는 [**바로 지금 <나>를 향한, 이 순간 <나의 상황>을 향한**] <신(神)의 뜻>을 알 수 없다.
어떻게 알 수 있겠는가!
그런 것은 용도(用途)가 따로 있다.

(1) 먼저, 선지자(先知者)다.

어렵다. 우선 <선지자>로 자처(自處)하는 사람이 진짜인지 가짜인지를 모르기 때문이다.

신학교(神學校)만 나왔다고 되는 것이 아니다.

무당(巫堂)도 세습무(世襲巫)와 강신무(降神巫)가 있지 않은가!

<거짓 선지자>들이 판을 치고 있다. 예레미야도 그들 때문에 죽을 지경이었다. 예나 지금이나, 그들 때문에…… 내 눈으로 알려면 어느 수준이 되어야 하는데, 그렇지도 못하고……

[간단한 기준 한 가지. 어떤 형식(形式)이든 돈을 챙기는 곳이면…… 헌금(獻金)이든, 보시(布施)든.

『파우스트』의 그 유명한 대사(臺詞).

"교회는 위대(偉大)하나니, 아무리 먹어도 배탈 난 적이 없도다."

잘 아는 대로, **신(神)은, 진리는 가난하지 않다!**

신도에게 구걸이나 하는 것들은 이미 신(神)이나 진리(眞理)일 수가 없다.]

성경에 이런 이야기가 있다.

☯

228

시절(時節)이 <시절이던[혼란하던]> 시절, 벧엘로 <한 선지자>가 길을 떠났다. 엄명(嚴命)을 받고.

"솔로몬이 그 단(壇)에 일천(一千) 번제(燔祭)를 드렸더니, 기브온에서 밤에 여호와께서 솔로몬의 꿈에 나타나시니라. - 중략(中略) - 솔로몬이 깨어 보니 꿈이더라."

그래서 <지혜(智慧)의 왕>이 되었던 그 솔로몬도 죽고, 나라는 쪼개지고…… 그때 이야기다.

<하나님의 사람>이라고 하는 이 무명의 선지자는 "떡도 먹지 말고 물도 마시지 말고, **<왔던 길>로 도로 가지도 말라.**"는 엄명을 받았다.

[그가 **<하나님의 사람>**이라는 것으로 보아, 그는 아마도 **<하나님의 명령(命令)> 외에는** 어떤 누구의 말도 듣지 않아야 했다.]

그런데 이 <하나님의 사람>은 벧엘에서 사자에 찢겨 죽는다.

"**나도 그대와 같은 선지자(先知者)라.**"라며 그를 "<여호와의 말씀>으로 유인(誘引)한" 어떤 <사람의 말>을 듣고서 말이다.

[이것이 <성경을 읽는 재미>다. 재미가 없으면, 어떤 것도 지겹다. 그래서 이야기를 짧게 했다.

재미가 없는데, 어떻게 성경을 읽겠는가!]

(2) 둘째, 우림[אורים]이다.

　우림이 무엇인가? 우림[빛]은 둠밈[진리, תומים]과 같이 나온다.
　[우림과 둠밈은 히브리어의 처음인 "알렙[א]"과 마지막인 "타우[ת]"로 시작한다.]

　현대의 신학자(神學者)들과 기독교도들은 <그런 것>에는 아예 관심도 없다.
　<점(占)치는 것>이다. <주사위를 던지거나 동전을 던져 어떤 일을 결정하는 일> 말이다.

　어떻게 <교회에 다니는 사람>이, 적어도 현대의 고등교육을 받은 사람이 <나의 운명이 걸린 일>을 동전을 던져 결정하겠는가?
　믿을 만한 사람들의 조언(助言)을 듣고 심사숙고(深思熟考)하여 결정할 일이지……

　혹 이스라엘 국가의 처음 왕 사울이 어떻게 왕이 되었는지 아는가?

　선지자 사무엘이 기름을 부어서 왕이 되었다고?
　그것은 <선지자 사무엘이 사울과 단 둘이 있을 기회를 만들어 비밀스럽게 한 일>일 뿐이다.

[간첩(間諜)들이 접선(接線)하듯이 말이다. 어디, 필자 말이 거짓말인 것처럼 들리면, 성경을 다시 읽어보라.]

성경은 왕의 후보를 무려 12,000명이나 모으고, 그 중에서 **제비를 뽑았다**고 말한다.

1차 추첨의 결과 1,000명이 남았다. 그다음 2차, 3차 추첨을 통해 그가 뽑혔다고 한다.

[그런 것이 <신(神)의 능력>이라는 무엇이다.]

그렇게 진행되는 과정에서, 한 번이라도 제비로 뽑히지 않으면, 아무리 **사무엘**의 기름이라도 아무 소용이 없는 것이다. 그것이 바로 성경이 우리에게 가르쳐주는 무엇이다.

제비는 영어로 "Lot", 즉 운명(運命)이라고 한다.

기독교 용어로는 <하나님[신(神)]의 뜻> 정도가 될 것이다.

그렇지만 그것은 옛날 구약의 **유대교** 방식이고, 현대의 우리들이 믿는 기독교 신약 성경은 그렇지 않다고?

신약에도 있다.

가룟 유다가 자살하고, 12 제자의 자리 하나가 궐(闕)이 났다. 그래서 보궐 선거(?)를 해야 했다.

신약의 공동체는 모여 <[통성(?)] 기도>를 했다.

"뭇사람의 마음을 아시는 주여!"

그렇게 기도한 후, 그들은…… 오늘날 기독교도들이 <[하나님이 그들의 마음을 감동케 하사] 그들 마음에 떠오르는 인물>을 <장로와 교황(教皇)으로> 뽑듯이, 그렇게 뽑지 않았다고 한다.

성경은 이렇게 말한다.

"제비 뽑아 맛니아를 얻으니라."

그것이 성경적이다. 그것이 **맞다!** <[우림을 사용하는 것이] **맞다!**>고 아마도 <맛디아!>라는 [충청도(?) 어투의] 이름이 당첨(當籤)된 것 같다.

현재, **가톨릭도** 개신교도 그들 대표를 뽑을 때는 투표(投票)로 뽑는다. 아주 <비(非)-성경적>이다!

"성경(聖經)도, <하나님의 능력>도 모르는 고로 [크게] 오해(誤解)하였도다."이다.

<누구도 모르는 이 마음속 깊은 곳에서는 성경을 믿지 않거나, 아니면 성경을 업신여기거나, **성경을 살아가지 않는 사람들**>에게는……

주사위를 던져서, 나의 직업과 결혼, 운명을 결정 짓는다는 것은 망설여질 수밖에 없다. 이해한다.

[그러나 필자가 이해한다고 달라질 것은 없다.]

(3) 셋째는 **꿈**이다.

현대인들은, 특히 <현대의 기독교도들>은 <꿈>을 믿지 않는다.

더 정확하게 말하면, 그들은 <성경(聖經)>을 믿지 않는다.

혹 기독교가 어떻게 시작되었는지 아는가?

<세계 역사에서 배운 것>, <교회에서 배운 것>, 그런 것을 몰라서 묻는 말이 아니다.

잘 아는 대로, **예수**라는 사람, 그 한 사람의 영성 때문이다. 그러나 성경은 그 근원을 말하고 있다.

<예수의 아버지> 요셉이라는 양반!

[이것도 **비갸나 바이라바**에서 약간 언급했다.]

성경은 그를 "의인(義人)"이라고 하는데, 뚜렷한 이유는 말하지 않고 있다. 그런데 왜 의인이라고 하는가?

로마서에는 <믿음으로 의인이 된다>고 하는데, 그러면 그는 무엇을 믿었다는 것인가?

그는 자신의 약혼자 마리아의 배가 <이유 없이> 불러오자 조용히 그 관계를 청산하려고 했다.

그런데 **그는 꿈을 꾸고 그 상황을 받아들였다**. 그리고 **주의 사자가 현몽하여** 가르치는 대로, **꿈에 지시하심을 받아**, 그렇게 따르고 행동했다.

꿈을 믿고, 움직인 한 사람의 용기(勇氣) 때문에, 아기 예수가 살아남을 수 있었고, 오늘의 기독교가 있을 수 있었나. 그것이 성경이 주는 메시지다.

["서로 사랑하라." "이웃을 사랑하라." 이런 말은 다른 사람들도 수없이 한 말이다.]

그러나 우리는 **내가 꾼** 꿈조차도 따르기는커녕, 믿을 수가 없다. 왜 그런가?

꿈의 해석(解釋) 때문이다.

꿈의 해석은 <귀에 걸면 귀걸이……>

어떻게 할 것인가?

첫째는 꿈을 꾸는 것이다. <꾸지도 않은 꿈>을 어떻게 해석하겠는가?

둘째는 기록하라. 그다음이 해석이다.

꿈은 금방 잊어버린다. 우리는 머리[기억]가 좋지 않다!

꿈을 해석(解釋)하려면 <꿈의 언어>를 공부해야 한다. 노력(努力)해야 한다. 그리고 <꿈의 언어>는 상징(象徵)이다. **아날로기아 엔티스다!**

어떻게 "신(神)의 뜻"을 알려는 사람이 그 일을 시중(市中)의 <꿈 풀이 사전>[수준의 것]으로 할 수 있겠는가!

기도(祈禱)는 <무의식의 의식화>라고 했다.

무의식을 이해(理解)하는 것, 의식[인식]하게 되는 것, 그것을 <무의식의 의식화> 즉 기도라고 한다.

그것은 <나 자신도 잘 모르는 나의 깊은 세계>를 알아가는 과정이다. 그것은 또 **<그 무엇>**을 **느끼는 일**이기도 하다.

"해석(解釋)은 하나님께 있지 아니하니이까?"

"해석은 <하나님>께 있다."는 것이 도대체 무슨 뜻인가?

꿈의 해석은 <꿈 연구소>나 <심리 상담소>나 또 정신과의사들의 도움을 받을 수 있다.

그리고 <정신적인 상처(傷處)>가 치유되는 것도

엄연한 사실이고 또 좋다.

그러나 이 책은 그런 것을 논(論)하고 있지 않다.

<영성 수련>에서의 꿈의 해석은 다른 것이어야 한다.

"해석(解釋)은 <하나님>께 있다!"

<영성 수련>을 하[려]는 사람이 꾼 꿈은 "우리를 <하나 됨[Oneness, 일자(一者)]>으로 이끄는 해석이어야 한다!"는 말이다.

필자는 대개 그런 식으로 해석한다.

☯

"그 무엇"을 어떻게 느낄 것인가?

이제 우리는 "신(神)의 뜻"을 알고 이해하는 수준에서 더 나아가, 그에게로 <가까이 가야> 한다.

그래서 그를 느껴야 한다.

그것이 **비갸나 바이라바**와 **쉬바 수트라**가 피를 토하는 무엇이다.

그리고 우리가 <신을 느끼는 방법>은 무한(無限)하다.

어떻게 "112 가지 방법"뿐이겠는가?

잘 아는 대로, 우리말의 "온갖 방법"에서 "온"은 100을 말한다. 112 가지라는 말도 똑같다.

[112 가지 방편은…… "**한**(1) 방편, **한**(1) 방편이 <**이**(2) **무엇**>으로 이끈다!" 지금은 이 정도로 기억하자.]

우리가 "**그 무엇**"에 가까이 다가갈수록 우리는 더 느낀다. [그래서 "**그 무엇**"은 이제 "**이 무엇**"이 된다.]

그리고 그 느낌마저도 사라졌을 때, 그것이 문득 <**나**>인 것을 안다.

나는 아직도 **비갸나 바이라바**와 **쉬바 수트라**, 또 **스판다 카리카**와 **프라탸비갸 흐리다얌** 등의 <영성 (과학)의 책>을 읽노라면, 답답했던 마음이 후련해진다.

저 <자유의 땅>, <내면의 하늘>로 들어가는 느낌이다.

나가며

잊어버리기 전에, 한마디 먼저.
그리고 횡설수설(橫說竪說)[gibberish]······

"이야기"의 경상도 사투리는 **"이바구"**다.

"이야기"는 <**입**에서 **입**으로 전해지는 것>으로,
"이바구"는 **"입"**이 그 어원(語源)이고,
"입"은 또 <구멍[**아구**(亞口)]>이 그 어원이라고
한다. [**아귀**가 표준어로 되어 있다.]

그러므로 <**입** + **아구** = **입아구**>가 되었고
입아구 → **이바구** → **이야기**로 된 듯하다.

[물론, 다른 설(說)도 있을 것이다. 어원(語源)을
공부하는 것은 참 재미가 있다.
위의 예(例)와 같은 어원학(語源學)[Etymology]도
재미있지만,
필자가 말하는 어원(語源), 즉 <**말의 근원(根源)**>
즉 <**마트리카, 파라-바크,** 신(神)>에게까지 이르는
공부 말이다.]

필자의 주제는 <하나>다. 그러니 참 "재미없는 사람이다. 스스로 보기에도." [『쉬바 수트라』에서 그렇게 말했다.]

그러나 "스스로를 재미없는 사람이라고 하다니, 참 재미있는 사람이다."라고 생각하는 사람에게는 <재미있는 사람>일지도 모른다.

[소설 『향수(香水)』 - 어느 살인자의 이야기- 의 <기본 설정>이 그런 것이다.]

이 책은 그들을 위한 것이다.

우리는 "쉬바", "샥티"라는 말을 들으면, 당장 그것은 <저 먼 인도(印度)의 어떤 신(神)>이라고만 생각한다.

[머리에 <그렇게> 입력(入力)되어 있다. 그러니, 이제 <입력자(入力者)>가 다시 고쳐 입력하지 않는 한, 그 누구도 고칠 수 없다.

<나의 이 머리에 그렇게 입력한 자>는 누구인가? <다른 사람>인가? <나>인가?

내 머리에, 왜 <내>가 입력하지 못하는가?]

제발, <내가 그 단어로 알고 있는 그 뜻>이 전부라고 생각하지 말라. [그러면 이른바 영성(靈性)은 거리가 가마득할 뿐이다.]

<지금 이 책을 읽고 있고, 또 어떤 생각을 하고 있고, 무언가를 말하려고 하는 **이것**>, 이것이 바로 **쉬바**이고 **의식**(意識)이다. **참나** 곧 **얼나**다.

그것을 불교에서는 <불성(佛性)[**공**(空)]>, 기독교에서는 <신성(神性)[그리스도]>이라고 한다. 그것이 <본래의 **마음**>이고, 비로 "**나**[I]"이나.

"나는 할 수 있다!"

우리는 <볼 수 있고>, <숨 쉴 수 있고>, <이해할 수 있고>, <느낄 수 있고>, <즐길 수 있다>.
<…할 수 있는 것>, 그것이 **샥티**다.
샥티는 "**샥타**[Can]"의 여성형일 뿐이다.

어려움에 처한 우리는 [속으로라도] 외친다.
"[나는] 할 수 있다!"

그것은 **샥티** 여신(女神)의 도움을 청하는 소리다. [<신화적으로 표현한다면> 말이다.]

또 "쉬바-샥티"라는 말은 "나는 할 수 있다."는 말이다. "I[쉬바] can[샥티]!"

"나는 할 수 있다."

비갸나 바이라바와 쉬바 수트라는 말한다.
세상의 모든 것은 <쉬바[**의식**]>, <샥티[에너지]>, <프라크리티[물질 즉 대상(對象)]>의 순서라고.

☯

나는 <글 쓰는 사람>이 아니다. 시인이나 **작가가 전혀 아니다!**

십여 년 전, 대구(大邱) <하늘북 서점>[그 서점은 허름했다.] 계산대 뒤에 꼽혀 있던 **<탄트라 비전>** 이라는 몇 권의 책을 얼핏 보다가 <무언가 생각이 정지된 순간이 있었다.> [그때 그 책을 구입하지는 못했다.]

그 뒤 그 책[한글판]을 읽고 <무언가 알 수 없는 어떤 아쉬움>에, <영어판>을 읽지 않을 수 없었고, 그리고 **카시미르** 발(發) **비갸나 바이라바 탄트라** [Vijnana Bhairava Tantra]와 **쉬바 수트라**……

비갸나 바이라바는 아직도 국내에서는 **비그야나 브하이라브** 등등으로 <그 이름자(?)도 제대로 찾지 못하고 있다.>

필자는 이번 생(生)에는 한국에서 태어난 만큼, 이 책은 <필자의 지금 이곳의 이야기>를 했다.

필자의 주제(主題)는 <하나>다! 언젠가 필자가 꾼 꿈이 말하듯이, "나는 <내 이름>밖에 읽고 쓸 줄을 모른다."

<나의 이름> 즉 <인간 내면[혹은 신성(神性)]의 본질, 본성> 만이다.

☯

"**소**"는 십우도 주석이 말하듯이, <임의로 선택한 소재(素材)>일 뿐이다. 선승들의 참구(參究)거리 중 <뜰 앞의 잣나무>나 <똥 막대기>처럼 말이다.

아니면 저 **카프카**처럼 <바퀴벌레>로 시작할 수도 있다.

["아무리 그래도 그렇지, (거룩한) <영성(靈性)>에 <바퀴벌레>가 뭐꼬!" 주방에서 아내가 중얼거리는 소리가 들리는 것도 같다. 환청(幻聽)인가?]

<바퀴벌레>라……

<바퀴>는 에스겔의 <멜카바 환상(幻像)>에서의
그 바퀴일 수도 있고,
불교의 전륜성왕(轉輪聖王)이 돌렸다는 <진리의
수레바퀴>일 수도 있고,
아니면 <우주의 힘>이라는 **샥티 차크라**일 수도
있다. **아갸 차크라, 물라다라 차크라**…….

벌레[Worm]는 저 **이사야**의 지렁이일 수도 있고,
필자의 <**인간 벌레**>일 수도 있고……
C. S. **루이스**의 <벌레나무>, "Worm-wood"도
생각난다.
[그의 책 『스크루테이프의 편지』에 나오는 <신참
악마> 웜우드는 "쑥"을 말한다. "쑥"은 성경에서는
"쓴맛" "고난" "고뇌"를 상징한다.
C. S. **루이스**는 유명한 『나니아 연대기』의 저자
다.]

그리고
<바퀴벌레>를 이루는 세포에도 **미토콘드리아**는
있고……

☯

"소"라는 <우리말>은 – 한자(漢字)에서 온 것이 아니면 – 소(牛)를 가리킬 때가 대부분일 것이다.

"소"라는 <소리>는 다른 언어에서는 당연히 다른 의미로 쓰일 것이다. 영어로는 "so"로……

그 "소"가 두 개로 되면["so so"], <그저 그런>, <평범(平凡)한>의 뜻이다. [아주 중요하다!!!!]

스페인어에서 "soso"는 <소금기가 없는, 싱거운 사람>을 가리킨다고 하고,

일본어의 "소소[そそ]"는 <'솔솔' 부는 바람소리, 물건이 가볍게 움직이는 소리>라고 한다.

언어 특히 <"소리"의 깊은 면>을 다루는 <인도의 영성 과학>에서는 <그런 것>을 만트라라고 한다. 우리는 아직(도) 만트라를 잘 모른다!!

"아멘"과 또 "아제 아제 바라아제……"

이미 많이 사용했고, 잘 알고 있다고?

만트라는 <우리를 구원(救援)하는, 우리 영혼을 해방(解放)시키는> 그런 물건이라고……

하여튼 "소"라는 소리는, 파라 트리쉬카에서는, 그런 것이라고 강조한다. [영자(英字)로 "Sauḥ".]

☯

끝없이 이어지는 이 <연상(聯想)의 수레바퀴>, 즉 **탓트와 바르가**["**소소**(素所)"](?) 이야기에

아내 **소**(蘇)는 - 이런 이야기를 듣는 것에 지쳐 있을지도 모른다. [사실, 잘 듣지 않는다.] - 이제 "눈을 TV[세상] 쪽으로 향한다[**운메샤**]."

[이런! 아내는 벌써 저 TV 속 깊숙이, 50m 안쪽으로까지 들어가 버렸다. 몸만 여기 있다.]

더 이상 이야기할 사람이 없으니, 필자도 조용히 "눈을 감고[**니메샤**]" 내면으로 "**소**(消)."

한편 독자들은 필자의 이 횡설수설(橫說竪說)이 끝나는 것에 대해 안도의 한숨과 함께 <마음에는 평화>, 그리고 <얼굴에는 미소>.

[그래서 **소소**(小笑)다. 이제, 이 책의 부제(副題) 설명도 끝났다.]

☯

이제 그 동안[20년 긴 세월] 기다리고 미뤄왔던, 나름의 귀촌(歸村)을 할 때다.

[물론, 필자는 <합천(合天)>이라고 한다. 그곳은 여기 대구에서는 고령(高靈), 즉 <영적 수준이 높은 곳>을 지나야 갈 수 있다!]

아침저녁이면 둑길로 산책(散策)도 나가고, 늦은 겨울밤이면 시냇가에서 <Moon River>를 (속으로) 듣고 읊으며 수월(水月)도 보고……

<귀거래사(歸去來辭)> 류(類)의 글들도 읽고, 혹 있을지도 모를 <다른 책>의 출판도 지켜보고……

["그는 아주 행복하게 잘 살았습니다." <끝>]

☯

샤르트르가 그의 자서전을 『Les Mots』 즉 『The Words[말들]』이라고 한 것은 아주 의미가 있다.

그리고 성경이 하나님을 로고스[λογος] 즉 말씀[The Word]이라고 한 것은 엄청난 의미가 있다.

파라 트리쉬카의 주석[비바라나, 해석(解釋)]에서 아비나바굽타는 이것[<"말"의 의미>]을 아주 깊이 다루고 있다.

필자는 침묵(沈黙)이라는 무엇을 가리키기 위해, 그동안 많은 <말>을 했다. 그런 말을 해야 그 <말 없는 무엇>을 가리킬 수 있었기 때문이다.

그러나 이제는 말을 하지 않아야 할 때다.

필자 : "……"
독자 : "……"

필자 : "……"
독자 : "……"

필자 : "이런 식으로 가만히 있으면 되지요?"
독자 : "쉿! 그런 말도 <말>이야."

필자 : "(그럼, 이제는 몸으로 하겠습니다.)
　　　　엑체 호모[Ecce homo, **이 사람을 보라**]!"
독자 : "그런 지시어(指示語)(?)도 <말>이라니까!"
필자 : "아, 예……!!!"

　잘 아는 대로, 독자(讀者)는 <남의 마음을 읽는 사람>이다.
　<어떤 책>의 한 마디, 한 단어를 읽을 때마다, 우리는 그 사람의 마음을 읽는다.
　때로는 내 마음의 상상(想像)을 보태며……

　이제 필자는 <읽는 자>로 돌아가야 할 때다.
　책(冊)을 - 이번 생(生)의 이 『삶』이라는 책을 - 찬찬히 읽을 때다.
　그런 나를 향해 성경은 또 손짓한다.

　"읽는 자는 깨달을진저!"

소와 참나 이야기

초판 1쇄 발행   2016년 8월 6일

지은이 ㅣ 金恩在

펴낸이 ㅣ 이의성
펴낸곳 ㅣ 지혜의나무
등록번호 ㅣ 제1-2492호
주소 ㅣ 서울시 종로구 관훈동 198-16 남도빌딩 3층
전화 ㅣ (02)730-2211   팩스 ㅣ (02)730-2210

ISBN 979-11-85062-15-0   03150